Katja Schmiederer (Hrsg.):

Hamburg – Mainz – Marburg: Stationen eines Wissenschaftshistorikers

Quellen und Studien
zur Geschichte der Pharmazie

Begründet von Rudolf Schmitz †,
Herausgegeben von Fritz Krafft

Band 80

Katja Schmiederer (Hrsg.):

Hamburg – Mainz – Marburg:
Stationen eines Wissenschaftshistorikers

Festakt anläßlich der Pensionierung
von
Prof. Dr. Fritz Krafft

In Kommission:
Wissenschaftliche Verlagsgesellschaft mbH Stuttgart
2002

CIP-Titelaufnahme der Deutschen Bibliothek

Schmiederer, Katja (Hg.):

Hamburg – Mainz – Marburg: Stationen eines Wissenschaftshistorikers. Festakt anläßlich der Pensionierung von Prof. Dr. Fritz Krafft / hg. von Katja Schmiederer. – Stuttgart: Wiss. Verl.-Ges., 2002

(Quellen und Studien zur Geschichte der Pharmazie; Bd. 80)

ISBN 3–8047–1893-0

Jede Verwendung des Werkes außerhalb der Grenzen des Urheberrechtsgesetzes ist unzulässig und strafbar. Dies gilt insbesondere für Übersetzung, Nachdruck, Mikroverfilmung oder vergleichbare Verfahren sowie die Speicherung in Datenverarbeitungsanlagen.

© 2002 Wissenschaftliche Verlagsgesellschaft mbH, Birkenwaldstraße 44, D–70191 Stuttgart

Satzherstellung: Katja Schmiederer, Marburg

Druck: Görich & Weiershäuser GmbH, Marburg

Vorwort

Eine außergewöhnlich schöne und würdige Feier soll demjenigen, dem sie gilt, möglichst lange in guter Erinnerung bleiben. Ein solches Ereignis war der Festakt anläßlich der Pensionierung des Wissenschaftshistorikers und Direktors des Institutes für Geschichte der Pharmazie in Marburg, Prof. Dr. Fritz Krafft, zu dem sich am 15. Juli 2000 zahlreiche Gäste aus den Umfeldern der wichtigsten Abschnitte seines akademischen Lebens in der Aula der alten Universität mit ihrer eindrucksvollen Atmosphäre eingefunden hatten, um in einer akademischen Feierstunde dessen Leistungen zu würdigen.

Mehrere Grußworte von Repräsentanten der Philipps-Universität, auswärtigen Vertretern der Wissenschaftsgeschichte, aus Verbänden und Gremien verdeutlichten, obwohl sie lange nicht alle ihm wichtigen Bereiche abdeckten, das immense Spektrum des wissenschaftlichen Engagements von Fritz Krafft im Laufe seines akademischen Lebens. Die Universität wurde durch ihren Präsidenten Prof. Dr. Dr. hc. mult. Werner Schaal und die Dekanin des Fachbereiches Pharmazie Frau Prof. Dr. Susanne Klumpp vertreten. Prof. Dr. Rüdiger vom Bruch sprach als Präsident der Gesellschaft für Wissenschaftsgeschichte, Prof. Dr. Siegfried Kattanek in seiner Funktion als Vorstandsvorsitzender der Otto-von-Guericke-Gesellschaft, Dr. Herbert Gassert als Vorsitzender der Georg-Agricola-Gesellschaft, Dr. Klaus Meyer für die Deutsche Gesellschaft für Geschichte der Pharmazie, Dr. Johannes Pieck als Geschäftsführer der Bundesvereinigung Deutscher Apothekerverbände (ABDA) und Dr. Holger Götzendorff im Namen der Doktoranden. Es folgte die Überreichung der Festschrift durch Kraffts langjährigen Mitarbeiter Dr. Ulrich Stoll, Verden, und eine Laudatio von Prof. Dr. Richard Toellner, Rottenburg. Den Festvortrag hielt Prof. Dr. Hans-Werner Schütt, Berlin, unter dem Titel ‚Alchemie und Transzendenz'.

Der vorliegende Band möchte dazu beitragen, daß das Gesagte dem Jubilar und den Gästen in Erinnerung bleibt und denen, die an der Feier nicht haben teilnehmen können, zugänglich wird. Die den Ansprachen und Vorträgen zugrundeliegenden Manuskripte wurden dankenswerterweise von den Rednern zur Verfügung gestellt und bilden den Hauptteil dieses Buches. Darüber hinaus soll Krafft selbst, sein Werdegang, seine Arbeitsschwerpunkte und seine Theorie des ‚Historischen Erfahrungsraumes' sowie seine Werke gewürdigt werden, wozu der Herausgeberin autobiographische Aufzeichnungen und ein Literaturverzeichnis zur Verfügung standen.

Das Buch stellt somit kein Konkurrenzprodukt zu der Festschrift, die unter dem Titel ‚Nach oben und nach innen – Perspektiven der Wissenschaftsgeschichte' als Sonderheft der Zeitschrift *Berichte zur Wissenschaftsgeschichte* (Band 23, Heft 2, Weinheim 2000) erschienen ist und über das Institut für Geschichte der Pharmazie, Marburg zu beziehen ist, sondern eine Ergänzung dazu dar.

Auch scheint es fast selbstverständlich, daß dieses Buch als 80. Band der von Krafft herausgegebenen Reihe ‚Quellen und Studien zur Geschichte der Pharmazie' erscheint, gehört doch diese Reihe, in der auch die meisten der unter seiner Anleitung angefertigten Dissertationen erscheinen, zu einem seiner wichtigen Tätigkeitsfelder innerhalb der Pharmaziegeschichte, nicht zuletzt aus Sicht seiner Doktoranden.

Ohne die tatkräftige Hilfe Dritter ist die Herausgabe eines solchen Werkes bekanntermaßen niemals zu realisieren. Der Dank hierfür richtet sich natürlich in erster Linie an Herrn Prof. Krafft selbst, der auch einen Großteil der Druckkosten beisteuerte, aber ebenso an die Vortragenden und somit Autoren der Grußworte, der Laudatio und des Festvortrags. Gedankt sei auch dem ‚Verein zur Förderung des Institutes für Geschichte der Pharmazie der Philipps-Universität Marburg', der durch die Übernahme eines Teils der Auflage zur Finanzierung beitrug.

Möge somit – wie von vielen Gästen gewünscht – dieser Band dazu beitragen, daß ein herausragendes Ereignis in allerbester Erinnerung bleiben kann, und dem Zwecke dienen, die Würdigung eines herausragenden Wissenschaftlers, Hochschullehrers und nicht zuletzt Doktorvaters nicht am Tag der Pensionierung verhallen, sondern auch in die Zukunft wirken zu lassen.

Sehr geehrter, lieber Herr Professor Krafft, im Sinne aller Redner und Gäste der Feierstunde und insbesondere im Namen Ihrer Doktoranden: Ad multos annos!

Katja Schmiederer

Inhaltsverzeichnis

Vorwort   V

Grußworte

    Prof. Dr. Dr. h. c. mult. Werner Schaal 3
    Prof. Dr. Susanne Klumpp 6
    Dr. Johannes Pieck 8
    Prof. Dr. Rüdiger vom Bruch 10
    Senator E. h. Dr.-Ing. Herbert Gassert 14
    Professor Dr. Siegfried Kattanek 17
    Dr. Klaus Meyer 19
    Dr. Ulrich Stoll 22
    Dr. Holger Goetzendorff 25

Laudatio von Richard Toellner 27

Festvortrag von Hans-Werner Schütt 41
„Der alchemische Hermaphrodit zu Beginn der europäischen Neuzeit"

Dankesworte von Fritz Krafft 63

Biographisches und Bibliographisches

    Experiment geglückt. Prof. Dr. Fritz Krafft scheidet aus dem aktiven
    Hochschuldienst. Von Katja Schmiederer 73
    Verzeichnis der Veröffentlichungen von Fritz Krafft 89
        A. Bücher, Aufsätze und Handbuchartikel 89
        B. Herausgebertätigkeit 128
        C. Rezensionen 133
        D. Dissertationen / Diplomarbeiten / Staatsexamensarbeiten 139

Grußworte

Prof. Dr. Dr. h. c. mult. Werner Schaal,
Präsident der Philipps-Universität Marburg

Frau Dekanin Klumpp,
lieber Herr Kollege Krafft, liebe Frau Krafft,
meine sehr verehrten Damen, meine Herren!

Die Philipps-Universität Marburg verfügt neben vielen bemerkenswerten Besonderheiten über eine in Deutschland und in der Welt ganz besondere: Ich meine unser Institut für Geschichte der Pharmazie. Es wurde 1965 als Stiftungsprofessur durch den schon fast legendären Kollegen Rudolf Schmitz begründet, und es hat sich sehr schnell einen ausgezeichneten Namen erworben.

Sie, verehrter Herr Kollege Krafft, haben dieses Institut als Nachfolger von Herrn Schmitz im Jahre 1988 übernommen. Ihr gesamter schulischer und akademischer Werdegang hat Sie dafür geradezu prädestiniert: Absolvent eines humanistischen Gymnasiums in Lübeck und Hamburg, Studium der Klassischen Philologie, der Philosophie und der Geschichte der Naturwissenschaften an der Universität Hamburg, später noch ein Zusatzstudium der Physik – meine Damen und Herren, da blieb kaum etwas anderes übrig, als sich für die Geschichte der Naturwissenschaften zu habilitieren und dann auf dem Weg über die Universität Mainz nach Marburg auf unsere Professur für die Geschichte der Pharmazie zu begeben.

Gegenüber:
Prof. Dr. Dr. h. c. mult Werner Schaal, Präsident der Philipps-Universität, überreich Fritz Krafft die Entlassungsurkunde (Foto: Rainer Waldinger)

Ihr hiesiges und Ihr wissenschaftshistorisches Wirken werden andere Redner nach mir kompetent würdigen können. Ich will nur eine Randbemerkung machen: Persönlich habe ich immer bedauert, daß wir an der Philipps-Universität nicht, wie an Ihrer Alma mater in Hamburg, auch eine Professur für die Geschichte der Mathematik besitzen. Zusammen mit Ihnen, lieber Herr Krafft, wäre das eine ganz ausgezeichnete Verbindung gewesen, die die Geschichte der Naturwissenschaften ideal abgerundet hätte. Dann wäre es zumindest in Marburg nicht mehr schick gewesen, damit zu kokettieren, daß man von Mathematik nichts versteht.

Neben der Liebe für die Naturwissenschaften verbinden uns beide, Herr Krafft, ganz andere, handfeste und für die Universität auch praktische Dinge. Ich kannte Sie vom Beginn Ihrer Tätigkeit in Marburg an als Mitglied des Konventes, dem Sie bis heute angehören. Sie haben sogar von 1991 bis 1992 das schwierige Amt eines Mitglieds des Konventsvorstandes wahrgenommen: Zumindest jeder Marburger Universitätsangehörige weiß, daß diese Tätigkeit ein hohes Maß an Verantwortungsbewußtsein, Geschick und Fingerspitzengefühl für das fragile Gebilde Gruppenuniversität bedeutet. Wie schwierig und zeitaufwendig dieses Amt ist, haben uns die Präsidentenwahlen in den vergangenen Monaten wiederum deutlich vor Augen geführt. Sie haben aber auch in anderen Selbstverwaltungsorganen unserer Universität erfolgreich mitgewirkt: Ihr Fachbereich hat sie 1992 zum Prädekan mit anschließendem Dekansamt gewählt. Sicherlich war es für Sie nicht ganz einfach, gewissermaßen als Geisteswissenschaftler einen experimentellen Fachbereich zu leiten und in den schwierigen personellen und finanziellen Fragen zum Konsens zu bringen.

Seit Beginn meiner Amtszeit als Präsident im Jahre 1994 hatte ich persönlich Gelegenheit, mit Ihnen in einem der wichtigsten Ständigen Ausschüsse unserer Universität zusammenzuarbeiten: Das ist der Ständige Ausschuß für Haushaltsangelegenheiten und den Hochschulentwicklungsplan, kurz: StA III. In diesem Ausschuß waren Sie regelmäßig vertreten, Sie waren immer exzellent vorbereitet, und Ihre Beiträge haben in vielen schwierigen Situationen dazu beigetragen, die fast unlösbar scheinenden Probleme zu entwirren und zu einem Abschluß zu bringen. Gerade für diese Arbeit danke ich Ihnen besonders herzlich.

Bei einem Abschied denkt man auch immer an die Zukunft. Ich freue mich ganz außerordentlich, daß sich der Fachbereich Pharmazie entschlossen hat, trotz personeller Engpässe die Professur für Geschichte der Pharmazie beizubehalten. Der Nachfolger hat bereits zugesagt und ich begrüße Herrn Kollegen Friedrich sehr herzlich unter den heutigen Gästen. Es ist dem Fachbereich und der Universität gelungen, die Nachfolge einigermaßen großzügig und angemessen auszustatten. Ganz besonders gespannt bin ich, ob sich die seit längerem angedachten Pläne eines Zentrums für die Geschichte der Naturwissenschaften realisieren lassen werden. Ein solches Zentrum würde zweifellos die Verbindung zwischen Naturwissenschaften, Medizin und Geisteswissenschaften stärken und ein bedeutendes Profilelement unserer Universität werden.

Lieber verehrter Herr Kollege Krafft, die Philipps-Universität ist Ihnen zu großem Dank für Ihre Arbeit verpflichtet. Ich freue mich, daß ich Ihnen diesen Dank abstatten darf.

Prof. Dr. Susanne Klumpp,
Dekanin des Fachbereichs Pharmazie der Philipps-Universität

Sehr geehrter Herr Präsident,
Herr Krafft und Frau Gemahlin,
meine Damen und Herren!

Ich möchte die Rolle und auch in Kürze den Werdegang von Herrn Krafft in *unserem* Institut, wenn ich das so sagen darf, aus interner Fachbereichssicht etwas erörtern. Wie Herr Schaal bereits berichtete, wurde das Institut für Geschichte der Pharmazie 1965 gegründet – das heißt wir feiern heute auch das 35-jährige Jubiläum, und zwölf Jahre, seit 1988, steht es unter der Leitung von Professor Krafft. Herr Krafft selbst ist kein Pharmazeut; als Dekan möchte ich ihn aber aufgrund dessen, wie er sich für das Institut für Geschichte der Pharmazie, aber auch für den Fachbereich insgesamt eingesetzt hat, hiermit doch wenigstens zum ‚honorable Pharmacist' ernennen.

Herr Krafft hat in Hamburg in einer Art Studium generale Klassische Philologie, Germanistik, Philosophie und Geschichte der Naturwissenschaften studiert und nach dem Dr. phil. von 1962 noch drei Semester Physik angehängt. Die Habilitation erfolgte 1968 – Sie sind also auch ein ‚Achtundsechziger'. Zwei Jahre danach waren Sie bereits in Mainz und haben ihre erste Professur an der Johannes Gutenberg-Universität angetreten, und zwar, wie es sich Herr Schaal auch für Marburg gewünscht hätte, am Mathematischen Institut beziehungsweise Fachbereich. Interessant ist dabei Folgendes: Sie wurden anläßlich dieses Rufes umhabilitiert für Geschichte der Physik; bereits neun Monate später wurde das aber wieder erweitert auf die ursprüngliche venia legendi für das Fach Geschichte der Naturwissenschaft – und dabei blieb es dann eine ganze Weile.

Sie waren 1977 Prodekan des Fachbereichs Mathematik; aber irgendwann, Herr Krafft, hatten Sie genug von Mainz, „wie es singt und lacht". Nach dem 18. Mal Karneval kamen Sie nach Marburg, und das war zum Sommersemester 1988. Sie hatten den Ruf als Nachfolger von Professor Schmitz auf den von ihm begründeten Lehrstuhl angenommen.

Auffallend beim Werdegang von Herrn Krafft sind zwei Linien,
1) die Verbindung von Geistes- und Naturwissenschaften, und
2) der Hang zur Gremienarbeit
– wenn ich das einmal so ganz frech sagen darf. Aber darüber waren und sind wir ja froh: Als ich auf die Welt kam, war Herr Krafft bereits Fakultätssprecher im Studentenparlament, danach Mitglied des Hamburger AStA, in Marburg dann, wie mein Vorredner bereits angeschnitten hat, Mitglied des Konvents und des Ständigen Ausschusses für den Universitäts-Haushalt sowie 1993/94 Dekan unseres Fachbereichs. Meine eigene Erfahrung mit Ihnen, Herr Krafft, war im Fachbereichsrat vorne links die unruhige Ecke. Ja, und dann noch ein Punkt, der Herrn Krafft ebenfalls auszeichnet – ich möchte dazu seine eigenen Worte von seiner Homepage zitieren: „affiliations with career related organisations" / Mitgliedschaften in Vereinigungen – nicht in Fußballclubs und Garten-Vereinen, sondern in Wissenschaftlichen Vereinigungen. Es sind stolze 22 Mitgliedschaften, die jetzt noch bestehen und sicherlich auch noch weiter laufen werden. Daher, Herr Krafft, habe ich auch keine Angst um Sie für die Zukunft. Ich sehe Sie als Emeritus nur in einer Art Pseudo-Ruhestand.

Sie starten praktisch sehr gut erholt aus einem Forschungsfreisemester heraus, und vielleicht findet sich dabei auch wieder Gelegenheit zum Bahnengolf. – In den achtziger Jahren war Herr Krafft immerhin Deutscher Vizemeister und zweimal Deutscher Mannschaftsmeister in der Bahnengolf-Abteilung 1 (Minigolf).

Herr Krafft, der Fachbereich bedankt sich bei Ihnen sehr herzlich, und wir wünschen Ihnen und Ihrer Frau Gemahlin weiterhin alles Gute. Aus aktuellem Anlaß in anderem Zusammenhang möchte ich Wünsche für eine gute Gesundheit anschließen. – Zugleich begrüßt der Fachbereich auch ganz herzlich Ihren Nachfolger, Herrn Friedrich, der am 1. Oktober lückenlos den Stab übernehmen wird. Auch Ihnen alles Gute!

Dr. Johannes Pieck,
Geschäftsführer der ABDA – Bundesvereinigung Deutscher Apothekerverbände

Sehr verehrter, lieber Herr Professor Krafft,
Herr Präsident der Philipps-Universität, Frau Dekanin des Fachbereichs Pharmazie, meine sehr geehrten Damen und Herren!

Es ist mir gleichermaßen Ehre und Vergnügen, Ihnen, lieber Herr Professor Krafft, aus Anlaß Ihres Ausscheidens aus dem aktiven Dienst der Philipps-Universität die Grüße und die guten Wünsche der Bundesvereinigung Deutscher Apothekerverbände, der ABDA, überbringen zu können. Auch wenn die Nähe Ihres Lehrstuhls und des Institutes für Geschichte der Pharmazie zum Beruf des Apothekers und zum Apothekenwesen offenkundig ist, so ist es doch nicht die Regel, daß aus einem solchen Anlaß ein Vertreter der ABDA eingeladen ist, ein Grußwort zu sprechen: Den Grund hierfür mag man inzwischen getrost zur Pharmazie-, zur Universitäts- oder auch zur Verbandsgeschichte zählen: Im Jahre 1964 haben das Land Hessen und die damalige Arbeitsgemeinschaft der Berufsvertretungen Deutscher Apotheker den Lehrstuhl für Pharmaziegeschichte an der Philipps-Universität als Stiftungsprofessur errichtet; die ABDA hat damals für zehn Jahre vereinbarungsgemäß die Kosten ad personam übernommen gegen die Zusicherung des Landes Hessen, sodann den Stiftungslehrstuhl in einen haushaltsrechtlich endgültigen umzuwandeln. Ich werde der Versuchung widerstehen, hierfür die ABDA nachträglich zu loben. Aber: Gewiß war und ist die Mischung von Großzügigkeit und Verantwortungsbewußtsein gegenüber der Vergangenheit der Pharmazie ein Indiz dafür, daß die Repräsentanten der ABDA sich nicht nur der Zukunftssicherung des Apothekenwesens und der Wahrnehmung der aktuellen Interessen der Verbandsmitglieder gewidmet haben. Sie waren sich zugleich bewußt, daß nur derjenige, der weiß, woher er kommt und auf welchen Schultern er steht, Gegenwart bewältigen und Zukunft gestalten kann.

Sie, lieber Herr Professor Krafft, haben im Jahre 1988 den Lehrstuhl des unvergessenen Rudolf Schmitz übernommen. Der Umstand, daß Sie kein Apotheker sind, mag damals den einen oder anderen zu dem nicht untypischen, mir wohl vertrauten Reflex veranlaßt haben, nur ein Apotheker könne sich sachkundig und mit Erfolg den Angelegenheiten der Pharmazie in Vergangenheit oder Gegenwart widmen. Sie haben diese Bedenkenträger in Ihrem zwölf Jahre währenden Wirken rundum widerlegt. Die Publikationen während Ihrer Marburger Zeit, zuletzt Ihre Untersuchung *Die Arznei kommt vom Herrn, und der Apotheker bereitet sie* wird jeder mit Gewinn lesen, den die Verknüpfung von Pharmaziegeschichte mit Geistesgeschichte oder Theologie interessiert und bewegt.

Sie stehen am Ende Ihrer akademischen Laufbahn, aber gewiß nicht am Ende ihres wissenschaftlichen Engagements. Sie hinterlassen ein geordnetes Haus und das heißt insbesondere, Sie verlassen einen Lehrstuhl, der trotz aller Anfechtungen und Begehrlichkeiten vom Land Hessen bestätigt und inzwischen durch die Berufung von Professor Friedrich neu besetzt worden ist. Die Kontinuität pharmaziegeschichtlichen Forschens und Lehrens in Marburg ist also gesichert. Hierfür möchte ich Ihnen und allen Beteiligten den herzlichen Dank der ABDA sagen.

Ich habe in diesen Tagen in einer Laudatio gelesen, daß man Ihnen die Spannbreite „vom Materialisten zur Betschwester" zutraut[1]. Ob das so ist, vermag ich nicht zu beurteilen, aber ich nehme diese professoralkollegiale Formulierung als Indiz für die Tiefe und Breite Ihres Wirkens und als Hinweis für das, was Sie sich noch vorgenommen haben. Hierzu darf ich Ihnen, nicht nur im Namen der deutschen Apothekerinnen und Apotheker, sondern auch im eigenen Namen, Gesundheit und Schaffenskraft, gute Jahre gemeinsam mit Ihrer Frau und nicht zuletzt den Respekt und die Anerkennung der wissenschaftshistorischen und der pharmaziehistorischen Fachwelt wünschen. In diesem Sinne: ad multos annos!

---

1 WOLF-DIETER MÜLLER-JAHNCKE: Fritz Krafft 65 Jahre. *Geschichte der Pharmazie – Beilage der DAZ* 52 (2000), 53 f.; hier S. 54.

Prof. Dr. Rüdiger vom Bruch, Berlin,
Präsident der Gesellschaft für Wissenschaftsgeschichte

Herr Präsident, Spectabilis,
sehr geehrte Festversammlung,
lieber Fritz Krafft!

„Heute weiß man, daß auch scheinbar noch so zufällige oder geniale Entdeckungen aus einem höchst komplexen und multikausal verschränkten Zusammenhang heraus gemacht werden und daß jeweils ganz bestimmte Komponenten aus den verschiedensten Bereichen sowohl der eigentlich betroffenen Wissenschaft als auch der mehr oder weniger benachbarten Disziplinen, besonders aber auch außerwissenschaftlicher Faktoren in den beteiligten Personen zusammenkommen und in ihnen ‚präsent' sein müssen, damit etwas Neues erfahrbar oder Altes neu erfahrbar werden kann, damit ‚Entdeckungen' gemacht werden können."

Vor zwölf Jahren charakterisierte Fritz Krafft mit diesem anspruchsvollen und programmatischen Satz einen, wie er es formulierte, ‚Historischen Erfahrungsraum', als „die aus all diesen Faktoren sich ergebende – jeweilige – geistig-soziale Situation".

Der Satz blieb nicht Programm, er findet sich mitten in seiner Abhandlung über *Die Vorgeschichte der Entdeckung der Kernspaltung im Dezember 1938* [1], welche auf nur 24 Seiten in einem ebenso präzisen wie spannend erzählten Szenario jene Forderung exemplarisch einlöst und seit langem Pflichtlektüre für meine Berliner Studenten ist. Natürlich, so möchte man hinzufügen, erschien der Beitrag 1988 in den *Berichten zur Wissenschaftsgeschichte*, und das einleitende „Heute weiß

---

1 FRITZ KRAFFT: An der Schwelle zum Atomzeitalter. Die Vorgeschichte der Entdeckung der Kernspaltung im Dezember 1938. *Berichte zur Wissenschaftsgeschichte* 11 (1988), 227–251.

man..." läßt kaum erkennen, daß Fritz Krafft mit seinem bedeutenden wissenschaftsgeschichtlichen Œuvre maßgeblich zu diesem Verständnis beigetragen hat.

Die Gesellschaft für Wissenschaftsgeschichte und die von ihr herausgegebenen *Berichte* gehören im öffentlichen Bewußtsein untrennbar zusammen. Daß dies so ist, verdanken wir vor allem Fritz Krafft, der während seiner Präsidentschaft die Zeitschrift 1978 begründet, geprägt und seitdem mit bewunderungswürdiger Energie bis in alle redaktionelltechnischen Feinheiten hinein besorgt hat. Der Inhalt der *Berichte* umfaßt ein weites Spektrum, vor allem aber transportieren sie die Erträge unserer jährlichen Symposien in das allgemeine Fachbewußtsein und befestigen so im In- und Ausland das besondere Anliegen der Gesellschaft für Wissenschaftsgeschichte.

Im Editorial zum ersten Heft 1978 kennzeichnete Fritz Krafft Wissenschaftsgeschichte „als zusammenfassende und übergreifende Synthese der einzelnen wissenschaftshistorischen Fachdisziplinen (wie Medizin- und Naturwissenschaftsgeschichte, Astronomie-, Biologie- und Physikgeschichte, Geschichte der Geistes- und Sozialwissenschaften und ihrer einzelnen Disziplinen, der Ingenieur- und Kulturwissenschaften, der Rechts-, Staats- und Wirtschaftswissenschaften usw.)"[2]. Mit eben diesem Programm war die Gesellschaft für Wissenschaftsgeschichte 1965 angetreten, und Fritz Krafft fügte 1978 mahnend an, „unter *Wissenschaft* nicht nur, wie heute leider üblich geworden ist, den Inhalt des englischen Begriffs *science*, also (exakte) Naturwissenschaften [zu begreifen], sondern die Vielfalt der Disziplinen, die vom gegenwärtigen Inhalt des deutschen Begriffs ‚Wissenschaft' umfaßt werden". Entscheidende Bedeutung kommt seinem begründenden Nachsatz zu, nämlich ein solches Verständnis zugrundezulegen „in dem Wissen, daß der Begriffsinhalt von ‚Wissenschaft' nicht nur methodisch bedingten Veränderungen unterworfen war und ein einseitig an *einer* modernen – zugegeben sehr erfolgreichen – Disziplin ausgerichteter Begriff von

---

2   FRITZ KRAFFT: Editorial. Warum eine neue Zeitschrift und gerade diese Zeitschrift? Zur Einführung der ‚Berichte zur Wissenschaftsgeschichte'. *Berichte zur Wissenschaftsgeschichte* 1 (1978), 1–4; hier S. 1 f.

Wissenschaft und Methode unvorhersehbaren und nur schwer wieder gutzumachenden Schaden anrichten würde".

In diesem Sinn hat Fritz Krafft dem von ihm gemeinsam mit seinem Hamburger Kollegen Christoph J. Scriba glänzend organisierten Internationalen Kongreß für Wissenschaftsgeschichte 1989 in Hamburg und München, den er erstmals unter ein Generalthema stellte, einen Stempel aufgedrückt. In diesem Sinn auch vermochte sich der von mehreren deutschen Fachgesellschaften getragene, maßgeblich von der Gesellschaft für Wissenschaftsgeschichte konzipierte und organisierte Wissenschaftshistorikertag 1996 in Berlin zu präsentieren. In diesem Sinn entfalteten die *Berichte zur Wissenschaftsgeschichte* ihre Wirkung, über deren erste 15 Jahre die im November 1994 von Ulrich Stoll bearbeiteten und von Fritz Krafft herausgegebenen Indizes bequem informieren.

Meine Damen und Herren, diese enge, wenn nicht gar symbiotische Verschränkung zwischen Fritz Krafft und der Gesellschaft für Wissenschaftsgeschichte war nicht von Beginn an vorgezeichnet. Als im Herbst 1964 ein Kreis um Karl E. Rothschuh aufgrund massiver politischer, methodologischer und fachlich-professioneller Spannungen in der traditionsreichen Deutschen Gesellschaft für Geschichte der Medizin, Naturwissenschaft und Technik, zu deren hundertjährigem Jubiläum im kommenden Jahr die Gesellschaft für Wissenschaftsgeschichte von Herzen und kollegial gratulieren wird, die Gründung einer alternativ-ergänzenden wissenschaftsgeschichtlichen Vereinigung betrieb, da galt Fritz Krafft, damals Assistent in Hamburg bei Bernhard Sticker, nicht als Wunschkandidat für die neue Organisation. Zu Recht vermerkt Anke Jobmann in ihrer Darstellung dieser Auseinandersetzungen eine „gewisse Ironie der Geschichte", wurde Krafft doch gewissermaßen in Sippenhaft genommen, da er, so in einem Schreiben vom 3. Dezember 1964, „mit den Herren zusammenhängt, die wir aus der neuen Gesellschaft unter allen Umständen draußen halten müssen" [3].

---

3   ANKE JOBMANN: Familientreffen versus Professionselite? Vergangenheitsbewältigung und Neustrukturierung in der deutschen Wissenschaftsgeschichte der 60er Jahre. Berlin: ERS-Verlag 1998, S. 86.

War es nur Ironie, oder wirkte nicht eher Hegels List der Vernunft, wenn wir auf die weitere Entwicklung blicken?

Erlauben Sie mir eine persönliche Erinnerung. Als ich Anfang der 1980er Jahre die Symposien der Gesellschaft für Wissenschaftsgeschichte mit einiger Faszination zu besuchen begann und bald auch als ordentliches Mitglied aufgenommen wurde, da hieß es bei Erwähnung dieser Gesellschaft wiederholt: „ach so, Sie meinen die Krafft-Gesellschaft". Gewiß erschien mir die Gesellschaft für Wissenschaftsgeschichte kraftvoll, in ihrer perspektivischen Spannweite, auch in dem Funkenschlag mancher Kontroversen, aber mir war schon klar, daß „Krafft-Gesellschaft" auf eine Person zielte, weniger auf eine vitalistische Interpretation. Man soll mit Namen nicht spielen, aber war die Assoziation in diesem Fall gar so unberechtigt?

Lieber Herr Krafft, die Gesellschaft für Wissenschaftsgeschichte weiß sehr genau, was sie Ihnen zu verdanken hat. Die heutige Feierstunde gibt Anlaß, dankbar und mit einigem Stolz zurückzublicken. Wir sind weiterhin auf Ihren Rat, auf Ihre Kraft, auf Ihre Tat angewiesen.

Senator E. h. Dr.-Ing. Herbert Gassert,
Vorsitzender der Georg-Agricola-Gesellschaft zur Förderung der Geschichte der Naturwissenschaften und der Technik

Lieber Herr Krafft, sehr geehrte Frau Krafft,
Herr Präsident, Frau Dekanin,
meine sehr geehrten Damen und Herren!

In den Kreis der Repräsentanten Wissenschaftlicher Gesellschaften, die das Wort zu Ehren von Herrn Professor Krafft ergreifen, reihe ich mich gern ein, und zwar als Vorsitzender einer Gesellschaft, die zu den ältesten Einrichtungen der Wissenschaftsförderung in unserem Land zählt. Die 1926 gegründete Georg-Agricola-Gesellschaft zur Förderung der Geschichte der Naturwissenschaften und der Technik freut sich außerordentlich, daß sie Herrn Krafft während mehr als einem Viertel ihres Bestehens zu ihren engsten Mitstreitern zählen darf. Als Mitglied unseres Wissenschaftlichen Beirats – in den letzten fünf Jahren als dessen Leiter – hat er sein Fachwissen und seine Erfahrungen im Wissenschaftsleben zur Verfügung gestellt. Dafür möchte ich Ihnen, lieber Herr Krafft, im Namen des Vorstands, der Kollegen im Beirat und aller Mitglieder im In- und Ausland herzlichen Dank sagen!

Mit Ihrer bekannt aufgeschlossenen wie kritischen Grundhaltung haben Sie unsere Arbeit in guten wie in weniger guten Zeiten begleitet. Daß wir die letzten Jahre gute Zeiten nennen können, ist wesentlich auch Ihrem Engagement zu verdanken. Selbstredend erst nach gründlichem Abwägen aller Sachverhalte haben Sie dann mit wohl bedachten Argumenten manche grundlegende Weichenstellung mitgetragen, ohne erst einmal ein verzögerndes grundsätzliches Veto einzulegen – was ja, weil aus akademischem Munde stammend, durchaus zu erwarten gewesen wäre. Sie haben aktiv unsere neue Konzeption unterstützt, eine Öffnung hin zu interessierten Einzelpersonen, die dank ihrer Mitgliedschaft die Ziele unserer Gesellschaft fördern.

So haben Sie auch die neue thematische Ausrichtung unserer Jahrestagungen kritisch überdenkend forciert – und das nicht nur unter pragmatischen Gesichtspunkten oder weil Sie sich etwa Ihre Arbeit leicht machen wollten. Der ‚frische Wind' ist zum großen Teil ebenso Ihr Verdienst wie die immer größere Teilnehmerzahl auf unseren Veranstaltungen. Noch in der letzten Phase Ihrer Amtszeit als Leiter des Beirats haben Sie das Gremium tatkräftig zu aktivieren geholfen – auch wieder hart in der Sache und konziliant im Ton – etwas anderes hätte wohl auch niemand von Ihnen erwartet.

Meine Damen und Herren, an diesem denkwürdigen Tag, an dem Herr Krafft offiziell (!) aus dem aktiven Leben als Hochschullehrer ausscheidet, sei mir auch ein Rückblick auf die Wechselfälle gestattet, die das Leben so in peto hat! Wir können daraus ersehen, wie das Engagement für die Wissenschaftsförderung auch manche biographischen Fäden miteinander verknüpfen kann: Zwei der hier Anwesenden [gemeint ist das Ehepaar Kroker] hatten während ihres Studiums in Hamburg vor fast schon 40 Jahren bei Seminarveranstaltungen zur Naturwissenschafts- und Technikgeschichte einen gewissen Herrn Dr. Krafft als gestrengen Wissenschaftlichen Oberassistenten erleben können, mit dem sie manchmal auch – aber ohne miteinander zu kommunizieren – in einen Wagen der Straßenbahn-Linie 9 (nicht der Linie 18) gestiegen sind. Später hatten sie dann gelegentlichen Kontakt, wie ihn halt die Wissenschafler-Community mit sich bringt. Als wundersame Fügung hat es dann viele Jahre später unser neuer Geschäftsführer empfunden, daß er fortan mit Herrn Krafft in enger Verbindung stand! Es waren – und darauf legt Herr Dr. Werner Kroker Wert – weitaus mehr als dienstliche Obliegenheiten, die in ein herzliches persönliches Verhältnis mündeten. Ich habe das auch so empfunden!

Wir betrachten es daher als eine weitere gütige Fügung, daß Herr Professor Krafft auch heute noch seine Kraft in die Arbeit unserer Gesellschaft einbringt, indem er weiterhin dem Wissenschaftlichen Beirat angehört und das hoffentlich noch für längere Zeit.

Ganz unter uns: Daß er sein Amt als Leiter dieses Gremiums in diesem Jahr ausgerechnet aus „Altersgründen" in jüngere Hände gelegt hat, ist nur statistisch zu verstehen, denn ansehen kann man es ihm nicht.

In diesem Sinne danke ich Ihnen, lieber Herr Krafft, und entbiete Ihnen im Namen der Georg-Agricola-Gesellschaft ein herzliches Glückauf!

Professor Dr. Siegfried Kattanek,
Vorsitzender der Otto-von-Guericke-Gesellschaft, Magdeburg

Lieber Jubilar,
Hochverehrte Festversammlung,

wenn ich hier im Auftrag der Otto-von-Guericke-Gesellschaft die besten Wünsche übermittle, dann ist es mir auch persönlich eine große Freude. Das Jahr 2002 wurde von der Stadtverordnetenversammlung Magdeburgs einstimmig zum Guericke-Jahr und von der Landesregierung Sachsen-Anhalt zum Wissenschaftsjahr erklärt. Daß dies möglich wurde, verdanken wir auch Ihrem Engagement.

Wenn man die Guericke-Ehrungen seit dem 17. Jahrhundert verfolgt, dann waren es immer nur sporadische Aktivitäten. Dies wurde mit dem ersten Artikel von Hans Schimank im Jahre 1929 grundlegend geändert. Zu der in Hamburg entstehenden Guericke-Forschungsstelle stießen Sie später hinzu und wurden der wichtigste Mitarbeiter. 1968 erschien im VDI-Verlag Düsseldorf die Zusammenfassung der bis dahin erbrachten Forschungsarbeiten. An dieser Zusammenfassung haben Sie einen besonders hohen Anteil. Es war also nur folgerichtig, daß Sie nach dem Tod von Hans Schimank, im Jahre 1979, seine geistige Nachfolge übernahmen.

Auch wenn Sie sich andere wichtige Aufgabengebiete erarbeitet haben, bleibt immer ein nicht unbescheidener Blick auf Guericke gerichtet. Mit Ihren Beiträgen in der Otto-von-Guericke-Gesellschaft und der Otto-von-Guericke-Universität in Magdeburg zeigen Sie immer wieder neue Aspekte auf und helfen anderen, den Geist Guerickes besser zu verstehen.

Der Vorstand der Otto-von-Guericke-Gesellschaft hat daher einstimmig beschlossen, Herrn Professor Fritz Krafft für seine grundlegenden

Arbeiten zu den Gesandtschaften unseres Namenspatrons ihre höchste Auszeichnung, die Ehrenplakette der Otto-von-Guericke-Gesellschaft, zu verleihen. Da der 65. Geburtstag eigentlich der Höhepunkt im Schaffen eines Menschen sein kann, erwarten wir auch weiterhin einen großen Einsatzwillen. Auf die gemeinsame Arbeit im Wissenschaftlichen Beirat unserer Gesellschaft freuen sich der Rektor der Otto-von-Guericke-Universität, Magnifizenz Professor Pohlmann, und ich sehr; denn wir hoffen, noch viele Forschungsarbeiten auszulösen und zu popularisieren. Dazu wünsche ich unserem Jubilar viel Gesundheit, Kraft und Freude im Kreise seiner Familie, der Freunde und Mitstreiter.

Dr. Klaus Meyer, Oelde,
Vorsitzender der Deutschen Gesellschaft für Geschichte der Pharmazie

Magnifizenz Professor Dr. Schaal, Spektabilität Professor Dr. Klumpp, Verehrte Festversammlung!
Sehr geehrter, lieber Herr Professor Dr. Krafft!

Ich habe es gern übernommen, Grußworte zu Ihrer Verabschiedung aus dem akademischen wissenschaftlichen Dienst zu übermitteln. Bei einigem Nachdenken hat es mich jedoch einigermaßen in Verlegenheit gebracht, einem Manne wie Ihnen, der in so hohem Maße in vielen Bereichen engagiert ist, Worte der Verabschiedung zu widmen. Nicht, daß es nichts dazu zu sagen gäbe, nein, das ist es nicht. Aber die Metapher „Zur Verabschiedung" schließt das Wort Abschied mit ein und das ist es, was mich zögern läßt.

Die vergangenen zwölf Jahre, die Sie in Marburg als Pharmaziehistoriker tätig waren, haben vielfältige Spuren hinterlassen – dies nicht nur in Ihrer Eigenschaft als Geschäftsführender Direktor und Wissenschaftler am hiesigen Institut, sondern auch als Mitglied der Deutschen Gesellschaft für Geschichte der Pharmazie.

Sie haben sich stets mit den Zielen und der Arbeit der DGGP identifiziert und Ihre regelmäßige Präsenz auf den Kongressen, national wie international, ist Teil Ihrer grundsätzlichen Einstellung, daß die Pharmaziegeschichte als Wissenschaft sich ständig auf dem öffentlichen Forum präsentieren und zur Diskussion stellen muß. Dabei haben wir Sie kennengelernt als jemand, der in den notwendigen Verbandsangelegenheiten, insbesondere in den schwierigen Jahren der Neuorientierung der Internationalen Gesellschaft für Geschichte der Pharmazie (IGGP), durch profunde Stellungnahme zur Entwicklung beigetragen hat.

Von ungleich größerer Bedeutung war, daß Sie in zahlreichen wissenschaftlichen Vorträgen pharmaziegeschichtliche Themen stets als Teil der Wissenschaftsgeschichte darzustellen gewußt haben. Damit haben Sie Ihren Beitrag dazu geleistet, fachhistorisches Denken in den größeren Horizont der Wissenschaftsgeschichte einzuordnen. Ihnen darüber hinaus für Ihre stete Bereitschaft, Vorträge in den Gremien von DGGP und IGGP zu halten, einmal herzlich zu danken, ist mir als Vorsitzenden der Gesellschaft ein besonderes Anliegen.

Ich gestehe, daß es mir viel zu wenig vergönnt war, Ihr Zuhörer gewesen zu sein, was ich sehr bedaure, jedoch hat mich bei den Referaten, die ich hören konnte, Ihre umfassende Bildung und Ihre Art, die Themen aus einem breiten, große Wissenschaftsbereiche umfassenden Blickwinkel zu betrachten, beeindruckt. Jede Fachwissenschaft lebt auch und gerade aus den Impulsen, die ihr immer wieder von außen gegeben werden.

Es scheinen mir gerade diese Impulse von großer Bedeutung zu sein, die Sie als Wissenschaftshistoriker der Pharmaziegeschichte gegeben und damit unser Fach bereichert haben. Noch in der vor kurzem abgedruckten Präsentation des Buches *Geschichte der Pharmazie* von Rudolf Schmitz (1998) haben Sie Ihre Sicht deutlich gemacht und diesen Text nicht zu Unrecht „eine moderne Pharmaziegeschichte" genannt [1]. Eine solche Standortbestimmung am Ende unseres Jahrhunderts erscheint mir notwendig, und ich begrüße das sehr, gehen wir doch dem 75. Jubiläumsjahr unserer Gesellschaft entgegen; und ich denke, daß dies ein Anlaß sein sollte, festzuhalten, welchen Weg die Pharmaziegeschichte als Wissenschaft in den letzten Jahrzehnten gemacht hat und welche Ergebnisse vorzuweisen sind. Ich würde mich freuen, wenn diese Ihre Ausführungen Anstoß zu einer fruchtbaren Auseinandersetzung darüber wären.

Sie sehen sich somit aus meiner Sicht mitten in das Geschehen ‚moderner Pharmaziegeschichte', um die Metapher aufzunehmen, gerückt, und ich bin sicher, daß Sie aus Ihrer Kenntnis und Erfahrung noch viel

---

1 FRITZ KRAFFT: Eine moderne Pharmaziegeschichte. *Geschichte der Pharmazie – DAZ-Beilage* 52 (2000), 27–31.

beizutragen haben. Gestatten Sie mir also, daß ich den Begriff der Verabschiedung nicht als Abschied interpretieren kann, sondern als Beendigung eines Lebensabschnitts. Jedem Lebensabschnitt folgt ein weiterer nach, und ich gehe davon aus, daß Ihre wissenschaftliche Betätigung sich lediglich verlagert, nun, wie ich annehme, freier von administrativen Bereichen. Ich würde mich freuen, wenn diese Verlagerung auch weiterhin das Engagement für die Belange der DGGP mit einschließen würde. Es ist mir ein Anliegen, namens des Vorstandes und aller Mitglieder der DGGP Ihnen unsere besten Wünsche zu übermitteln und dem Start in den neuen Lebensabschnitt ein herzliches Glückauf zu wünschen.

Dr. Ulrich Stoll, Verden,
langjähriger wissenschaftlicher Mitarbeiter am Institut für Geschichte der Pharmazie der Philipps-Universität,
zur Überreichung der Festschrift für Fritz Krafft

Lieber Jubilar, hohe Festversammlung!

Fünf Minuten wurden mir gegeben, um im Rahmen dieser Feierstunde eine Festschrift zu überreichen [1] – ein kurzer Augenblick nur. Doch wozu sollen diese fünf Minuten eigentlich dienen? Ich finde, sie sollen Historizität herstellen; die Römer nannten dies *memoria*, als Ergebnis und eigentliches Ziel von *gloria*. Lassen Sie uns also *memoria* für den Jubilar herstellen, indem wir uns einen Moment mit ihm beschäftigen, in dem wir uns und ihn daran erinnern, woher er kommt, wo er steht, um ihm daraufhin Glück zu wünschen für seinen weiteren Weg.

Begonnen hat Fritz Krafft mit der Klassischen Philologie, die ihn zur Wissenschaftsgeschichte und hierin zur Pharmaziegeschichte als dritter *scientific community* führte.

Vor diesem wissenschaftlichen Hintergrund war der vor dreizehn Jahren erfolgte Ruf an Fritz Krafft nach Marburg nur konsequent gewesen: Bedeutete doch die Berufung des promovierten Klassischen Philologen und habilitierten Naturwissenschaftshistorikers ein bewußtes

---

1   Nach oben und nach innen – Perspektiven der Wissenschaftsgeschichte. Festschrift für Fritz Krafft zum 65. Geburtstag. Hrsg. von ULRICH STOLL und CHRISTOPH J. SCRIBA. *Berichte zur Wissenschaftsgeschichte* 23 (2000), Heft 2, 79–234 [erhältlich zum Preis von € 15,- beim Verein zur Förderung des Instituts für Geschichte der Pharmazie der Philipps-Universität Marburg, Roter Graben 10, D-35032 Marburg]; die English Summaries und Angaben zu Arbeiten F. Kraffts zum Historischen Erfahrungsraum sind nachträglich ebendort in Heft 4, 458–462, abgedruckt.

Plädoyer *für* eine Öffnung der Pharmaziegeschichte als Hochschulfach in den geisteswissenschaftlichen Raum hinein.

Gleichsam als Kristallisationskern für die Konsolidierung dieser methodischen Ausrichtung kann sein Konzept vom ‚Historischen Erfahrungsraum' angesehen werden, ein Konzept, das in seiner Bedeutung für die naturwissenschaftshistorische Forschung, aber auch für die grundsätzliche Wegweisung bei pharmaziehistorischen Erstlingsarbeiten kaum überschätzt werden kann. Der Konzeption dieser Festschrift, die heute unter dem Titel *Nach oben und nach innen – Perspektiven der Wissenschaftsgeschichte* präsentiert wird, lagen deshalb drei Gesichtspunkte zugrunde: Erstens sollte das, was Fritz Krafft den ‚Historischen Erfahrungsraum' nennt, entweder explizit methodische Berücksichtigung finden oder zweitens implizit an Studium und Interpretation von Quellen möglichst rezeptionsgeschichtlich demonstriert werden; drittens sollten unter dem Motto ‚Nach oben und nach innen' zwei Lieblingsblickrichtungen des Jubilars bevorzugt behandelt werden:

Und so richtet sich denn der Blick der insgesamt neun Originalbeiträge nicht nur ‚Nach oben' auf die Sterne, etwa in der Astronomie der Antike oder des Renaissance-Humanismus, sondern auch noch weiter hinauf, wie etwa im Verhältnis der Philosophie der Aufklärung zur Religion; ‚beide Dimensionen zugleich' nehmen die Alchemie im Zeitalter der Aufklärung und Georg Ernst Stahls Theorie der Medizin ins Visier, während die Physik und die Mathematik hier vornehmlich ‚nach innen' blicken. So wie ‚blicken' und ‚schauen' unterschiedliche Aspekte des Sehens akzentuieren, stellen ‚Wissenschaft' und ‚Bildung' unterschiedliche Formen des Wissens dar, deren Betrachtung „in historischen Erfahrungsräumen" manch interessanten Einblick in die aktuelle Problematik unserer ‚Wissensgesellschaft' vermittelt.

Sehr geehrte Damen und Herren! Ohne ideelle und materielle Unterstützung hätte diese Festschrift nicht erscheinen können. Deshalb sei hier an erster Stelle den Autoren gedankt und dem Mitherausgeber, Herrn Professor Christoph Scriba – sowie dem von Fritz Krafft bald nach dem Antritt seiner Tätigkeit in Marburg ins Leben gerufenen Verein zur Förderung des Instituts für Geschichte der Pharmazie, der dem Unternehmen von Beginn an eine materielle Basis bot. Den Mitgliedern des Fördervereins wird die Festschrift als Jahresgabe überreicht, was anschließend beim Empfang im Institut geschehen wird, wo man auch Exemplare käuflich erwerben kann.

Daß die Publikation in der vorliegenden Form, nämlich als zweites Heft des laufenden Jahrgangs 23 der von Fritz Krafft als ‚Organ der Gesellschaft für Wissenschaftsgeschichte' herausgegebenen *Berichte zur Wissenschaftsgeschichte* erfolgen konnte, verdanken wir dem Einsatz der Gesellschaft für Wissenschaftsgeschichte, namentlich deren jetzigem und ehemaligem Präsidenten, Herrn Professor Rüdiger vom Bruch und Herrn Professor Wolfgang Eckart, und natürlich dem Verlag Wiley-VCH selbst, der den überwiegenden Teil der Aufwendungen großzügig übernahm. An dieser Stelle sei neben Frau Dr. Eva Wille und Frau Dr. Gudrun Walter besonders Frau Olga Olivecka gedankt, die die entscheidende Phase der Herstellung intensiv betreute und bis zuletzt für die nötige Geheimhaltung gegenüber dem Herausgeber persönlich geradestand. – Damit ist nun auch klar, warum die Paginierung der Druckfahnen für das nächste reguläre Heft der *Berichte* einige kleine Turbulenzen beim Herausgeber verursachte!

Wenn die hier versammelten Beiträge Anregung geben könnten für wissenschaftshistorische Arbeiten im Sinne der methodischen Grundsätze des Jubilars, dann wäre diese Festschrift – auch im Namen aller bereits Promovierten und der künftig anstehenden Doktoranden der Pharmaziegeschichte – ein *remedium natalicium*, eine Geburtstagsarznei, mit doppelter Signatur: 1. zum sofortigen Gebrauch bestimmt, 2. von anhaltender Wirkung. Ich persönlich sage danke für zehn unvergeßliche Jahre am und im Institut für Geschichte der Pharmazie. – Ad multos annos!

Dr. Holger Goetzendorff, Pulheim,
einer der ersten Marburger Doktoranden von Fritz Krafft

Sehr verehrte Gäste,
sehr geehrter Herr Professor,

gestatten Sie mir einige Anmerkungen aus der Sicht Ihres ersten und einzigen verbliebenen Doktoranden des ersten Semesters nach Aufnahme Ihrer Tätigkeit in Marburg (dem einzigen Semester, aus dem deshalb auch schon alle Doktoranden promoviert wurden!).

Wenn ich die mir maximal zugestandene Zeit von drei Minuten dafür verwenden wollte, Ihre wissenschaftliche Arbeit zu würdigen, käme ich über ein Jahr Ihrer Marburger Tätigkeit nicht hinaus. Deshalb lassen Sie mich eine Brücke zu Ihrem Vorgänger Rudolf Schmitz schlagen, bei dem ich mein Pharmaziegeschichtsstudium begonnen hatte. Die Verbindung von Pharmazie und Geschichte in der Zeit des Wiederaufbaues nach dem Krieg und die Schaffung dieses Instituts stehen Ihrer Leistung, nämlich der Verbindung von Pharmaziegeschichte und Wissenschaftsgeschichte, gleichwertig gegenüber.

Die von Ihnen betreuten Arbeiten haben aber nicht nur den Aspekt der Wissenschaftsgeschichte aufgenommen; sie sind auch in technischer Hinsicht durch den Einsatz von Computern und durch Ihre intensive persönliche Betreuung der Doktoranden perfektioniert und professionalisiert worden. Diese enge Zusammenarbeit zwischen Professor und Student habe ich als eine der wichtigsten Erfahrungen aus Marburg mitgenommen.

Die Motivation, neben dem Beruf als Pharmazeut nach der Promotion Pharmaziegeschichte weiter zu betreiben und Aspekte der Medizin- und Wissenschaftsgeschichte, insbesondere der Chronologie, aufzugreifen, verdanke ich Ihrem weitgespannten Ansatz, Pharmaziegeschichte zu lehren. Ihre Betrachtung der Geschichte der Pharmazie war nicht der Tradition Ihrer Vorgänger (wie Peters, Schelenz, Berendes, Urdang, Dann oder Schmitz), die allesamt Apotheker waren, verhaftet; Sie konnten frei und zunächst unabhängig neue Ansätze aufgreifen und der Pharmaziegeschichte einen zeitgemäßen Stellenwert auf hohem Niveau sichern.

Wer allerdings Ihre Tätigkeit in den letzten Jahren verfolgt hat, weiß, daß Sie mehr und mehr ‚konvertiert' sind. »Die Arznei kommt vom Herrn, und der Apotheker bereitet sie!« – Krafft ein ‚Ehrenapotheker'? Halten Sie weiterhin Distanz – es hat der Pharmaziegeschichte außerordentlich genutzt, über den Tellerrand hinauszublicken!

Als persönlichen Dank habe ich Ihnen mein Buch mit dem Titel: *George Urdang (1892–1960) – Images from His Life and Work* (mit einem Vorwort von Glenn Sonnedecker) gewidmet und überreiche Ihnen das erste druck-, oder noch besser: buchbinderisch frische Exemplar, mit dem Wunsch, daß Sie mit Ihrem Ideenreichtum und Ihrem Arbeitswillen der Pharmaziegeschichte noch lange erhalten bleiben mögen.

Laudatio

von

Richard Toellner

Es muß im Sommersemester 1962 gewesen sein – 38 lange Jahre sind seither vergangen –, da versammelten sich regelmäßig im Konferenz-Zimmer des Leibniz-Kollegs der Universität Tübingen drei der sechs Assistenten des Hauses, Hellmut Flashar, klassischer Philologe, Richard Schaeffler, Philosoph und Katholischer Theologe, Richard Toellner, Mediziner und Evangelischer Theologe, um mit drei anderen jungen Gelehrten, Konrad Gaiser, klassischem Philologen, Hans Joachim Krämer, Philosoph, Egil Wyller, klassischem Philologen und Philosoph, über die ungeschriebene Lehre Platons heftig und mit wechselnden Fronten zu streiten. Der Mediziner übernahm mangels hinreichenden Sachverstandes die Moderation des Streitgespräches, eine bis heute vor allem im Fernsehen beliebte Übung. Konrad Gaiser, dieser grundgescheite liebenswerte Mensch, um dessen im Entstehen begriffenes Werk es ging, ist schon eine Weile tot und die anderen Disputanten leben nach bemerkenswerten Universitätskarrieren längst im Ruhestand. Kaum aber war Gaisers Buch *Platons ungeschriebene Lehre – Studien zur systematischen und geschichtlichen Begründung der Wissenschaften in der Platonischen Schule* 1963 veröffentlicht, erschien im Jahr darauf eine Rezension des Werkes in *Sudhoffs Archiv*, das sich damals noch „Vierteljahrsschrift für Geschichte der Medizin und der Naturwissenschaften, der Pharmazie und der Mathematik" nannte.

In einer für diesen Gegenstand in dieser Zeitschrift nicht gerade typischen Besprechung von drei Druckseiten Länge wird Gaisers Unternehmen, ein Gesamtbild von Platon Prinzipien- und Wissenschaftslehre zu geben, gründlich und zutreffend dargestellt und im Endergebnis wird das

Werk gelobt als eine „ausgezeichnete Arbeit, die uns m[eines] E[rachtens] einen großen Schritt dem echten Platonverständnis näher gebracht hat".

Den Tübinger Kreis freilich hatte vornehmlich und heftig die Frage umgetrieben, ob es überhaupt möglich sei, den echten, den wahren, den eigentlichen Platon und seine ureigentlichste Lehre – noch dazu die ungeschriebene – zu rekonstruieren. Und wenn ja, wie sinnvoll wäre dies? Wozu sollte ein historisch-kritisch gereinigter Platon gut sein? Wäre er nicht sofort tot, ein vielleicht illustres, anstaunenswertes Museumsstück der Geschichte? Lebt Platon, lebt ganz generell die große historische Figur nicht allein in ihrer Wirkung? Lebt sie nicht in ihrer Aufnahme, ihrer Weitergabe, ihrer Deutung in immer neuen historischen Räumen? Ich will dies nicht vertiefen. Spätestens bei der Nennung des letzten Begriffes ahnen Sie, wer der Rezensent war: der junge, frisch promovierte klassische Philologe Fritz Krafft, der von einer beeindruckenden Kenntnis über Gegenstand, Quellen, Literatur und Diskussionsstand aus in typisch philologischer Manier akribisch referiert, kommentiert und kritisiert. Einen Satz aber möchte ich aus dieser – nach zwei kleineren Beiträgen und der Dissertation ersten – wissenschaftlichen Arbeit von Fritz Krafft zitieren [1]:

„Gaiser betont richtig, daß Platon durch sein dynamisch-holistisches Geschichtsbild, das Kosmos, Polis, Mensch und Wissenschaft umfaßt, zum eigentlichen Begründer auch der Wissenschaftsgeschichte geworden ist, und nicht Aristoteles; denn Doxographie als Sammlung und Sichtung von früheren Antworten auf bestimmte Teil-Probleme und Auseinandersetzung mit Meinungen früherer Denker, wie sie Aristoteles und seine Schule betrieben, mag noch dem 19. Jahrhundert als ‚Geschichte' gegolten haben, heute versucht man auch in der Wissenschaftsgeschichte mehr zur ‚Platonischen Einheit' zurückzukehren."

---

1 FRITZ KRAFFT: Rezension zu: Konrad Gaiser, Platons ungeschriebene Lehre. Studien zur systematischen und geschichtlichen Begründung der Wissenschaften in der Platonischen Schule. Stuttgart 1963. *Sudhoffs Archiv* 48 (1964), 188–190.

Dieser Satz könnte als Motto über dem Lebenswerk unseres Jubilars stehen.

Wir feiern heute, daß Fritz Adolf Krafft vor fünf Tagen sein 65. Lebensjahr bei guter Gesundheit vollenden durfte und nach den geltenden Gesetzen der Universität mit Ablauf des Sommersemesters 2000 aus dem aktiven Dienst der Philipps-Universität Marburg ausscheiden und das Direktorat des Institutes für Geschichte der Pharmazie niederlegen wird. Der Einladung zu dieser Veranstaltung nach sollen wir das Ausscheiden feiern und ich soll den Ausscheidenden loben. Soll man einen Abschied feiern? Mir fällt da der Satz des Chilon ein, den Diogenes Laërtios (I, 70) überliefert hat: „τὸν τεθνηκότα μὴ κακολογεῖν" – über Abgeschiedene nichts schlechtes reden.

Nun, Gott sei Lob und Dank, abgeschieden ist der Scheidende ja nicht, er sitzt vielmehr quicklebendig, jung und wohlgemut unter uns; und nichts Schlechtes über einen anderen Menschen zu sagen, fällt mir von Natur aus leicht. Doch verlangt das Verbot des *kakologein* nicht auch, daß der Lobredner des καλὸς κἀγαθός auch „schön und gut" redet? Sie sehen, ich bin in Schwierigkeiten – ganz abgesehen davon, daß wir gerade erleben, wie eine richtige Laudatio auf den falschen Mann vom falschen Ort her gehalten den Historikerstreit wieder hell entfachen und der Laudator sich tief in die Nesseln setzen kann. Nun, ich heiße nicht Möller und versuche den richtigen Mann, Herrn Krafft, zu würdigen und als Emeritus ist man zumindest der institutionellen Haftung ledig.

Dem in Hamburg geborenen, in Lübeck im ‚Katharineum', dann wieder in Hamburg im ebenso renommierten ‚Christianeum' humanistisch geschulten, hochbegabten Schüler scheint der Berufsweg vorgezeichnet. Fritz Krafft studiert von 1955 an in Hamburg, seit 1958 als Stipendiat der Studienstiftung des Deutschen Volkes, klassische Philologie und Philosophie und wird 1962 mit der Arbeit *Vergleichende Untersuchungen zu Homer und Hesiod* [2] zum Doktor der Philosophie promoviert. Doch

---

2 FRITZ KRAFFT: Vergleichende Untersuchungen zu Homer und Hesiod. (Hypomnemata, Untersuchungen zur Antike und ihrem Nachleben, Heft 6) Göttingen: Vandenhoeck & Ruprecht 1963.

gleich nach der Promotion finden wir den Philologen und Philosophen als Studenten der Physik. Bernhard Sticker hatte sich den vielversprechenden jungen Mann als Assistenten an das Institut für Geschichte der Naturwissenschaften der Universität Hamburg geholt.

Ich habe mich schon oft, ihn aber leider persönlich noch nie gefragt, was eigentlich den vielversprechenden, jungen klassischen Philologen so früh zur Wissenschaftsgeschichte getrieben hat, die in den frühen 1960er Jahren in noch kaum erkennbarem Aufbruch war, und ein eher bescheidenes Dasein an unseren Universitäten fristete. Natürlich weiß ich nichts von seinen persönlichen Motiven, nichts von den vielleicht glücklichen äußeren Umständen, der Sache nach scheint mir sein Dissertationsheld Hesiodos ihn der Wissenschaftsgeschichte genähert zu haben. Dessen ‚Theogonie‘, dessen Weltbild, Kosmologie und kosmologisches Denken und dessen Einfluß auf die Milesier Thales und Anaximandros haben ihn auf den Weg der Wissenschaftsgeschichte gebracht.

Nach seiner Habilitation für Wissenschaftsgeschichte mit der Schrift *Dynamische und statische Betrachtungsweise in der antiken Mechanik* wird er 1968 Oberassistent des Hamburger Institutes, bis er 1970 einem Ruf auf die Professur für Wissenschaftsgeschichte am Fachbereich Mathematik der Johannes Gutenberg-Universität Mainz folgt. 18 Jahre lang vertritt Fritz Krafft die Wissenschaftsgeschichte an der Mainzer Universität und nutzt die Zeit zur Arbeit an einem weitgespannten wissenschaftlichen Werk und zu höchst erfolgreichen Aktivitäten in akademischer Selbstverwaltung, in Wissenschaftsorganisation und Wissenschaftspolitik. Der Ruf nach Marburg 1988 ist die Krönung, doch nicht das Ende seiner Arbeit.

Am 1. Februar 1988 übernahm Fritz Krafft das Institut am Roten Graben Nr. 10 in Marburg, seit 1969 weltweit unter Wissenschaftshistorikern bekanntes Domizil einer Institution, die Rudolf Schmitz vor 35 Jahren als erstes und bislang einziges pharmaziehistorisches Institut Deutschlands begründet und zu einem Begriff gemacht hatte. Dem vom rheinischen Temperament sprühenden Rudi Schmitz folgte der hanseatisch-trockene Fritz Krafft, dem Pharmazeuten und Chemiker der Klassische Philologe, Philosoph und Adept der Physik. In diesem, nicht leicht zu bewerkstelligenden Wechsel, siegte im Fachbereich Pharmazie und Lebensmittelchemie sowie im Senat der Philipps-Universität Marburg die von Rudolf Schmitz von Anfang an vertretene weitsichtige Überzeugung, daß der Pharmaziegeschichte nicht durch eine eng fachbegrenzte Historiographie, sondern nur durch eine weite Öffnung zur allgemeinen Wissenschaftsgeschichte gedient sei, daß Pharmaziegeschichte nur so ihre notwendige Integrationsfunktion innerhalb der sich ständig spezialisierenden und desintegrierenden naturwissenschaftlichen Disziplinen selbst, wie ihre Brückenfunktion zu den Geisteswissenschaften wahrnehmen könne. Als Naturwissenschaftler und Historiker hat Schmitz diese Einsicht erfolgreich in seinen vielfältigen hochschul- und wissenschaftspolitischen Aktivitäten in der Wissenschaft und als Apotheker unter seinen stolz an Traditionen hängenden Standesgenossen durchgesetzt. Das Institut in Marburg hat in seiner fruchtbaren und zukunftsorientierten Arbeit die Richtigkeit dieser Ansicht unter Beweis gestellt. Die Berufung von Fritz Krafft auf den Lehrstuhl für Pharmaziegeschichte und zum Leiter des Instituts für Geschichte der Pharmazie besiegelte diese Einsicht als Konzept. So ist es fast symbolisch zu nennen, daß Vorgänger und Nachfolger sich bei der Arbeit in der von August Buck begründeten und von Rudolf Schmitz jahrelang geleiteten Humanismuskommission der Deutschen Forschungsgemeinschaft kennen und schätzen gelernt hatten.

Das Verständnis der Einheit aller Wissenschaften aus der Kenntnis ihrer Geschichte war ein Ziel, das schon der junge Hamburger Privatdozent für seine Studenten so formuliert hatte [3]: Gerade heute „wird der Ruf nach der alten Einheit zumindest innerhalb der Naturwissenschaften, nach einem alle Einzeldisziplinen umfassenden Band, wieder laut; und in diesem Zusammenhang mag zum Verständnis der Bestrebungen um eine geistige Annäherung auch zu den Geisteswissenschaften erwähnt werden, daß diese, erst seit dem 19. Jahrhundert so genannten Geisteswissenschaften, ja selbst die Theologie, ursprünglich mit der Naturwis-

---

3   FRITZ KRAFFT: Die Begründung einer Wissenschaft von der Natur durch die Griechen (Geschichte der Naturwissenschaft I). (rombach hochschul paperback, Band 23) Freiburg i. Br.: Rombach 1971, S. 17.

senschaft eine Einheit bildeten. Sie haben denselben Ursprung, ihr Auseinanderleben ist historisch bedingt und kann nur überwunden werden, wenn man sich der historischen Ursachen dieser Aufspaltung bewußt wird". Sein ganzes Œuvre ist von dieser Grundeinsicht geprägt. Wenden wir uns diesem Werk kurz zu.

Ein Blick in das über 360 Nummern umfassende Schriftenverzeichnis von Fritz Krafft zeigt viererlei:

1. Die eindrucksvolle Kontinuität der wissenschaftlichen Produktion in 38 Jahren.
2. Eine intensive Rezensionstätigkeit, die sich in vorbildlich philologischer Tradition nicht mit einer oberflächlichen Anzeige begnügt, sondern das besprochene Werk kritisch darstellt, sich mit ihm auseinandersetzt und es kritisch wertet; ferner die überaus große Anzahl an Artikeln zu biographischen und begriffsgeschichtlichen Items in zahlreichen Lexika.
3. Eine umfangreiche Herausgebertätigkeit für wissenschaftliche Zeitschriften, Bibliographien, Monographien, Sammelwerke, Buchreihen.
4. Die gleichsam organische Entfaltung und Ausweitung der Gegenstände und Themen seiner wissenschaftshistorischen Arbeit.

Stehen zu Anfang naheliegenderweise Arbeiten zur griechischen Naturauffassung, Kosmologie und – bedingt durch des Astronomen Bernhard Sticker Interessen – zur antiken Astronomie im Vordergrund, liefert seine Beschäftigung mit der antiken Mechanik in seiner Habilitationsschrift nicht nur Anlaß, große Gestalten der Wissenschaftsweltgeschichte, wie Archimedes und Heron von Alexandria, darzustellen, sondern vor allem das notwendige Fundament für das bessere Verständnis des tiefgreifenden historischen Wandels der Wissenschafts- und Naturauffassung in der frühen Neuzeit zu legen. Otto von Guericke, Johannes Kepler, Nicolaus Copernicus und die humanistischen Gelehrten der Renaissance werden Schwerpunkte seiner Arbeiten. Was sich in dem Aufsatz über „die historischen Grundlagen für das Weltbild Max Plancks" [4] an-

---

4 FRITZ KRAFFT: Sinnenwelt, reale Welt, absolute Welt. Die historischen Grundlagen für das Weltbild Max Plancks. In: Max Planck: Sinn und Grenzen

deutet, wird durch die Begegnung mit Fritz Straßmann in Mainz intensiviert: auch die moderne Physik und Chemie finden die Aufmerksamkeit von Fritz Krafft. Die Vorgeschichte und Geschichte der Kernspaltung und ihrer großen Protagonisten Otto Hahn, Lise Meitner und Fritz Straßmann werden Gegenstand neuer Forschungen, wobei es Krafft gelingt, ohne Otto Hahns Verdienste zu schmälern, die Leistungen von Lise Meitner und vor allem die von Fritz Straßmann zum ersten Mal wissenschaftshistorisch gerecht zu würdigen. Er tut dies, wie für eine Person der Zeitgeschichte allein angemessen, „nach Dokumenten und Aufzeichnungen", wie es im Untertitel seines Buches *Im Schatten der Sensation* heißt [5].

Das letzte Kapitel behandelt den „akademischen Lehrer Fritz Straßmann" und hat in mir Erinnerungen an diesen wunderlich-wunderbaren Menschen wachgerufen, die hier nicht zu unterdrücken, Sie mir freundlich erlauben wollen. Im Sommersemester 1951 hörte ich seine fünfstündige – von Montag bis Freitag – Grundvorlesung anorganische Chemie, die er für Chemiker, Physiker, Pharmazeuten, Biologen und Mediziner hielt. Entsprechend voll war das Kolleg. Den uralten studentischen Wanderwitz – wenigstens solange sie noch etwas Latein konnten – „Ave Straßmann! Dormituri te salutant", den ich in meiner Bank eingeritzt fand, konnte ich zu keinem Zeitpunkt nachvollziehen. Im blütenweißen Kittel – die Experimente machte die Vorlesungsassistentin – ging er leicht gebeugt hinter dem Labortisch gemessen auf und ab, beschrieb die Tafel und wandte sich selten dem Auditorium zu. Er sprach klar verständlich und deutlich, doch wie mit sich selbst im Zwiegespräch, und so konnte er manchmal, während er weiter sprach, wie abwesend wirken. Seine Vorlesung war anspruchsvoll, und doch konnte auch der Anfänger ihr folgen: so klar und folgerichtig war ihr Aufbau, so spannend der entwickelte Gedanke. Erst bei Fritz Krafft habe ich gelernt, daß Fritz Straß-

---

der exakten Wissenschaft. Mit einem Nachwort hrsg. von Fritz Krafft. (Naturwissenschaftliche Texte bei Kindler) München: Kindler 1971, S. 29–70.

5 FRITZ KRAFFT: Im Schatten der Sensation. Leben und Wirken von Fritz Straßmann, nach Dokumenten und Aufzeichnungen dargestellt. Weinheim: Verlag Chemie 1981.

mann sein halbes Leben lang seinen Lebensunterhalt mit Unterricht fristen mußte; seine Studenten haben es ihm gedankt, daß er sich – längst berühmt und etabliert – nicht zu schade war, so viel Zeit in die Lehre zu investieren. Daß dies, die kompetent wahrgenommene Lehraufgabe, durch die besten Forscher heute keine Selbstverständlichkeit mehr ist, ist der Ruin der Universität, Hauptursache ihrer heutigen Misere. „Ach, der widmet sich ganz seinen Studenten", diese von Fritz Krafft überlieferte, abfällig gemeinte Äußerung über die angeblich fehlende Forschungstätigkeit Fritz Straßmanns ist in Wahrheit einer seiner größten Ehrentitel. Wir wußten alle, daß die erste experimentell von Menschenhand bewirkte Atomspaltung durch die Hände von Fritz Straßmann geschah. Aber von ihm selbst gab es in der Vorlesung – trotz vielfach gegebener sachlicher Anlässe – nicht die leiseste, entfernteste Andeutung dieses Ereignisses. Und keiner wagte, ihn darauf anzusprechen. Dabei war er ein freundlicher, umgänglicher Professor, kein Halbgott, und ein gelassener, gütiger Prüfer. Als er mich im Physikum nach der Formel für Lachgas fragte und ich statt N_2O NO_2 antwortete, sagte er nur trocken: „Da lachen Sie nicht lange." – Nach diesem durch Fritz Krafft veranlaßten Exkurs zurück zu ihm selbst.

Das klassische Bild vom sammelnden, sichtenden, erschließenden, edierenden, kommentierenden und historisch-kritisch darstellenden Gelehrten, das Fritz Krafft zweifellos abgibt, wäre jedoch entstellend einseitig ohne die Erwähnung seiner stetigen Reflexion auf „Gegenstand und Methode der Wissenschaftsgeschichte der Naturwissenschaften", seiner ständigen Auseinandersetzung mit den Bedingungen der Möglichkeit historischer Erfahrung und ihrer Darstellung, die ihn zu dem von ihm geprägten richtungsweisenden Begriff des ‚Historischen Erfahrungsraumes' geführt haben.

Wie fast immer bei Fritz Krafft werden Grundeinsichten des historischen Geschäftes sehr früh formuliert. Schon in einem 1967 erschienenen Aufsatz über „die Anfänge einer theoretischen Mechanik" [6] ent-

---

6   FRITZ KRAFFT: Die Anfänge einer theoretischen Mechanik und die Wandlung ihrer Stellung zur Wissenschaft von der Natur. In: Beiträge zur Methodik der Wissenschaftsgeschichte, hrsg. von WALTER BARON. (Beiträge zur Geschichte der Wissenschaft und der Technik, Heft 9) Wiesbaden

wickelt er seinen Begriff des ‚Historischen Erfahrungsraumes', den er wenig später seinen Studenten so definiert [⁷]: „Unter historischem Raum soll hier das organisch gewachsene Ganze eines geographisch-klimatischen und geistig-kulturellen Bereiches verstanden werden, dessen Komponenten unter anderem auch die Präsentabilien für alle Arten von geistigen und sinnlichen Erfahrungen beeinflussen."

Wie umfassend dieser Historische Erfahrungsraum gedacht ist, soll hier nur durch seine Komponenten angedeutet werden. Neben der klimatisch-geographischen Zone, dem Siedlungsgebiet und der gesellschaftlich-politischen Struktur und Verfassung einer Gruppe, eines Stammes oder Volkes gehören gerade auch dessen geistige Tradition, Religion, Sprache, Wissen, Begriffswelt und Erfahrungshorizont zu den Komponenten des Historischen Raumes und müssen zum Verständnis einer historischen Zeit, ihrer Menschen und ihrer Hervorbringungen berücksichtigt werden, wenn sie denn richtig dargestellt werden sollen.

So ist auch zu verstehen, wie Krafft von der Klassischen Philologie über die Astronomie, Physik und Chemie sowie in letzter Zeit – für ihn selbstverständlich – Pharmazie nun jüngst zur Theologie, zumindest zur Physikotheologie [⁸], kommt. In seinem 1999 erschienenen, vorerst letzten großen Buch »...denn Gott schafft nichts umsonst« [⁹] zeigt er, daß antike Naturwissenschaft und Naturphilosophie erst in dem durchgehend von jüdisch-christlichen Glaubensvorstellungen geprägten ‚Historischen Erfahrungsraum' des christlichen Abendlandes zu neuzeitlicher Naturwis-

---

(jetzt Stuttgart): F. Steiner 1967, S. 12–33.

7   F. KRAFFT 1971 (wie Anm. 3), S. 14.

8   FRITZ KRAFFT: Pharmako-Theologie. *Die Pharmazie* 51 (1996), 422 bis 426; »Die Arznei kommt vom Herrn, und der Apotheker bereitet sie« – Biblische Rechtfertigung der Apothekerkunst im Protestantismus: Apotheken-Auslucht in Lemgo und Pharmako-Theologie. (Quellen und Studien zur Geschichte der Pharmazie, Bd 76) Stuttgart: Wissenschaftliche Verlagsgesellschaft 1999.

9   FRITZ KRAFFT: »... denn Gott schafft nichts umsonst!« Das Bild der Naturwissenschaft vom Kosmos im historischen Kontext des Spannungsfeldes Geist – Mensch – Natur. (Natur – Wissenschaft – Theologie. Kontexte in Geschichte und Gegenwart, Bd 1) Münster: LIT Verlag 1999.

senschaft umgeformt werden konnte und daß auch innerhalb dieser neuzeitlichen Naturwissenschaft wesentliche Impulse und entscheidende neue Denkweisen immer wieder aus der Idee erwuchsen, daß ein göttlicher Schöpfungsplan in der ‚Natur' verwirklicht sei und somit gedanklich nachvollziehbar sein müsse. Je mehr jedoch Gott aus seiner Schöpfung verschwinde und als ‚Lückenbüßer' für noch nicht Gewußtes nicht mehr gebraucht werde, umso mehr wachse die Leere und Sinnlosigkeit unserer Weltauffassung und fordere geradezu eine Neubesinnung auch auf die Ziele heraus, die mit moderner Naturwissenschaft erreicht werden sollen.

Dies macht deutlich, daß das Bild des Wissenschaftshistorikers Krafft unvollständig bliebe, wenn nicht gewürdigt würde, daß er immer wieder „zu Wesen und Aufgaben der Naturwissenschaftsgeschichte und ihrer Rolle in der Ausbildung von Naturwissenschaftlern" nachgedacht [10], die Folgelasten neuzeitlicher Wissenschaft benannt und unbeirrbar die Verantwortung der Wissenschaftler eingefordert hat und dies auch gegen sich selbst gelten ließ.

Durchdrungen von der Bedeutung der Wissenschaftsgeschichte für die Wissenschaft selbst und damit für die von Wissenschaft beherrschte moderne Welt hat Fritz Krafft sich in zahlreichen nationalen und internationalen Gesellschaften, Kommissionen und Ausschüssen für die Förderung der Wissenschaftsgeschichte eingesetzt. Als Präsident des ‚National Committee of the Federal Republic of Germany in the International Union of the History and Philosophy of Science' hat er zusammen mit Christoph Scriba den XVIIIth International Congress of History of Science in Hamburg und München vom 1. bis 9. August 1989 ausgerichtet, eine für die internationale Geltung der deutschen Wissenschaftsge-

---

10 FRITZ KRAFFT: Die Naturwissenschaften und ihre Geschichte. Zu Wesen und Aufgaben der Naturwissenschaftsgeschichte und ihrer Rolle in der Ausbildung von Naturwissenschaftlern. *Sudhoffs Archiv* 60 (1976), 317–337; siehe unter anderem auch schon: Plädoyer für eine Wissenschaftsgeschichte. *Nachrichten aus Chemie und Technik* 20 (1972), 367 bis 368; Naturwissenschaftsgeschichte in Forschung und Lehre. Bemerkungen zu einem zu Unrecht vernachlässigten Hochschulfach. *Physikalische Blätter* 31 (1975), 385–395.

schichte große Leistung, von deren Freuden und Leiden er 1993 in den *Berichten zur Wissenschaftsgeschichte* [11] nüchtern, wie es seine Art ist, Auskunft gab.

Das unbestreitbar größte Verdienst um die deutsche Wissenschaftsgeschichte hat Fritz Krafft sich durch die Schaffung und Herausgabe der *Berichte zur Wissenschaftsgeschichte*, als „Organ der Gesellschaft für Wissenschaftsgeschichte", erworben, die jetzt im 23. Jahrgang erscheint. Es war sein Einsatz, sein Konzept, seine Ausdauer, seine Zähigkeit, sein durch noch so große Schwierigkeiten nicht zu erschütternder Mut, der der Gesellschaft für Wissenschaftsgeschichte ein Organ beschert und erhalten hat, das sich in jeder Beziehung sehen lassen kann und international hohe Anerkennung gefunden hat. Kaum einer kann ermessen, welche Arbeitsleistung der Hauptherausgeber und Redakteur dieser Zeitschrift in das mit editorischer Perfektion und bibliographischer Exaktheit präsentierte Konzept einer „zusammenfassenden und übergreifenden Synthese der einzelnen wissenschaftshistorischen Fachdisziplinen" [12] investiert hat und weiter investieren wird.

Fritz Krafft hat so wesentlich dazu beigetragen, daß die 1965 gegründete ‚Gesellschaft für Wissenschaftsgeschichte – Société d'Histoire des Sciences – Society for the History of Science' im Gegensatz zu dem französischen und angelsächsischen Sprachgebrauch von ‚Science' das Konzept ihres ersten Präsidenten und späteren Ehrenpräsidenten Karl E. Rothschuh durchsetzen und konsolidieren konnte: Wissenschaftsgeschichte als Integration von Medizin- und Naturwissenschaftsgeschichte, von Geschichte der Geistes- und Sozialwissenschaften, der Rechts- und Wirtschaftswissenschaften, der Ingenieur- und Technikwissenschaften, das heißt: Geschichte der Wissenschaft von Astronomie bis Zoologie.

---

11 FRITZ KRAFFT: Von Freud und Leid beim Gestalten des Wissenschaftlichen Programms eines Weltkongresses (XVIIIth International Congress of History of Science, Hamburg–München, 1.–9. August 1989). *Berichte zur Wissenschaftsgeschichte* 16 (1993), 183–193.

12 FRITZ KRAFFT: Editorial: Warum eine neue Zeitschrift und gerade diese Zeitschrift? Zur Einführung der ‚Berichte zur Wissenschaftsgeschichte'. *Berichte zur Wissenschaftsgeschichte* 1 (1978), 1–4; hier S. 1.

Als Präsident der Gesellschaft für Wissenschaftsgeschichte in – bisher einmalig – zwei Amtsperioden und als ständiges Mitglied im Beirat des Vorstandes hat Fritz Krafft dieses so notwendige, aber so schwer in die Praxis umzusetzende Konzept dynamisch, überzeugend und kompetent vertreten, wie es seiner frühen Überzeugung entsprach.

Unter den vielen Anerkennungen, die die wissenschaftliche Arbeit von Fritz Krafft gefunden hat, seien hier nur zwei genannt: die frühe Wahl in die Académie Internationale d'Histoire des Sciences (1971 korrespondierendes, 1981 ordentliches Mitglied) und die Wahl in die Deutsche Akademie der Naturforscher Leopoldina (1984).

Ich komme zum Schluß, denn ich sehe schon, wie unser Jubilar im Kopfe den Einspruch, die Richtigstellung, die Frage und das Urteil formuliert, die er gleich – hat dieser Mensch nur aufgehört zu reden – aussprechen wird. Ich wenigstens habe in dreißig Jahren auf ungezählten Kongressen, Tagungen und Symposien noch nicht erlebt, daß Fritz Krafft einen Vortrag unkommentiert gelassen hätte. Immer kompetent – oder doch allermeistens.

Der Abschied, den wir heute feiern, ist ein willkommener Anlaß, dem junggebliebenen Jubilar zu seiner Lebensleistung zu gratulieren. Er übergibt seinem Nachfolger ein wohlbestelltes Haus, keine Selbstverständlichkeit heute in einer Universität, die von einem blindwütigen Furor besessen scheint – ihr Wesen und ihre Aufgabe völlig vergessend oder verkennend –, das Haus der Wissenschaft wie ein Wirtschaftsunternehmen führen zu wollen. ‚Unrentable' Abteilungen werden wegrationalisiert. Es hat der ganzen hochschulpolitischen Erfahrung und des Gewichtes seines wissenschaftlichen Ansehens bedurft, das Fritz Krafft sich dieser Zumutung erwehren konnte.

In die Gratulation seiner Freunde und Mitarbeiter, die ihn auf seinem Weg begleitet haben, mischt der Laudator gern seinen öffentlich bekundeten Dank für ein Vierteljahrhundert verläßlicher und loyaler Zusammenarbeit. Ad multos annos!

Festvortrag

Der alchemische Hermaphrodit zu Beginn der europäischen Neuzeit

von

Hans-Werner Schütt

Als ich Herrn Dilg im Januar zusagte, etwas zu dieser Festversammlung beizutragen, war mir natürlich sofort klar, daß es etwas sein müßte, das Ihnen, meine Damen und Herren, und vor allem Dir, Fritz, etwas bringt. Und wie sagt der erfahrene Theaterdirektor in Goethes Faust: „Wer vieles bringt, wird manchen etwas bringen." So werde ich Ihnen heute als eine Art Blumenstrauß ein klein bißchen Marburger Hermetik, ein bißchen Chemie, ein bißchen Theologie, ein bißchen Erkenntnistheorie, ein bißchen Kunstgeschichte und noch anderes präsentieren.

Da nun jede Blume des verbalen Straußes, den ich Dir überreichen möchte, Fritz, eigentlich nur die *Impression* einer Blume ist. wirst du hoffentlich nicht erwarten, daß ich jede Blüte analysiere, das heißt, daß ich sie bis in ihr Inneres hinein zerpflücke. Ich möchte es bei der Oberfläche belassen und hoffe, daß gerade die Oberfläche, eben weil sie Konstituante alles Körperlichen und zugleich Hinweis auf Tiefe ist, zum Nachdenken anregt.

Der so heterogene Strauß hat auch einen Namen, und der lautet: der alchemische Hermaphrodit zu Beginn der europäischen Neuzeit. Das ist hoffentlich schockierend genug; denn Sinn und Zweck der männlich-weiblichen Zwittergestalt des Hermaphroditen im Rahmen materieller Umsätze werden uns wahrscheinlich zunächst einmal ziemlich unverständlich sein. Mit *'Uns'* meine ich Chemiker, und in die Gemeinde der Chemiker beziehe ich Dich nach Deinem Buch über den anderen Fritz, über Fritz Straßmann, einfach mit ein.

Wir Chemiker und auch wir Pharmazeuten erleben chemische Vorgänge gewiß nicht als Spiegel moralisierender Phantastik, das heißt aber auch: wir erleben chemische Reaktionen nicht, wie es die Alchemisten taten, als Manifestation geistiger Mächte. Wir sehen keine Drachen, keine grünen Zweige oder Salamander im Feuer des Schmelzofens. Anders als die Alchemisten haben wir auch nicht die Absicht, Materie schlechthin, die wir ja auch nicht als geistig ansehen, zu veredeln und sie am Ende gewissermaßen über sich selbst hinaus zu bringen. Und wir haben dabei auch nicht die Absicht, uns selbst zugleich damit und wechselwirkend mit der Materie in einen Zustand zu versetzen, der die üblichen Bedingungen menschlicher Existenz überschreitet. Wir sind weder auf die Erlösung der Materie, noch auf die Selbsterlösung durch eben diese Erlösung der Materie aus. Und so leben wir, wenn wir die Materie manipulieren, auch nicht in einer Welt von Bedeutungen, die auf höhere geistige Ziele hinweisen; wir heute leben in einer Welt, in der die Phänomene, seien es nun chemische Reaktionen oder Substanzen, auf sich selber hinweisen, mehr nicht. Meist vergessen wir dabei, daß die Phänomene gar nicht autonom sind, sondern daß sie von vornherein in einem Interpretationsverhältnis zwischen uns und ihnen stehen. Um irgendein Phänomen als Phänomen wahrzunehmen – etwa, wenn wir sagen: „ich rieche Kaffee, ich höre das Pfeifen eines Wasserkessels" –, brauchen wir zumindest ein Sinnesdatum und ein Datum unserer Erinnerung. Insofern ist alles Wahrnehmen schon vor allem Denken, das sich als Denken begreift, Interpretation.

Menschliche Wahrnehmung, und ich habe jetzt den Hermaphroditen fest im Blick, umfaßt aber oft mehr, als ich bisher gesagt habe. Sie umfaßt auch etwas, das unsere Sinne und unsere auf Sinneseindrücke gestützte Erinnerung übersteigt – anders gesagt, das sie transzendiert. Im Laufe der Menschheitsgeschichte hat es nun ganz verschiedene Einstellungen zu dem gegeben, was eigentlich die Phänomene transzendiert.

– Die älteste nenne ich – etwas willkürlich – archaisch. In ihr erlebt der Mensch im wahrsten Sinne des Wortes er-lebt – das Transzendente als Göttliches sowohl in als auch hinter den Phänomenen, wobei es durchaus Verdichtungen der Epiphanie, also heilige und weniger heilige Erscheinungen, geben kann.

- Wenn nun das Heilige ganz in den Gegenstand hineingezogen wird, erleben wir eine archaische Idolatrie, das heißt: das Götterbild wird autonom, es ist ein Gott, ohne abhängig zu sein von etwas Göttlichem, das nicht in den Gegenständen, das außerhalb ist.[1]
- Die alttestamentarische Religiosität, und damit komme ich zur dritten Einstellung dem Transzendenten gegenüber, ist ein einziger Kampf gegen diese Götzengläubigkeit. Der 115. Psalm ist dafür ein Zeugnis: „Jener Götzen aber sind Silber und Gold, von Menschenhänden gemacht. Sie haben Mäuler und reden nicht; sie haben Ohren und hören nicht, sie haben Nasen und riechen nicht [... usw. usw.]" Der Gott des Alten Testaments ist überhaupt nicht in den Gegenständen, die Er geschaffen hat. Er ist das Transzendente schlechthin, und nur Sein Wort verbindet ihn direkt mit dem Menschen. Das besondere Verhältnis Gottes zu den Kindern Israel und die Gestalt Christi allein sind es dann, die den Abstand Gottes zu der von ihm geschaffenen, bloß abgeleiteten Welt überbrücken.

Die kaum begreifliche Inkarnation Gottes in Christus verlangte natürlich nach einer theologischen Aufarbeitung, die in den ersten nachchristlichen Jahrhunderten vor allem im Licht griechischer Philosophie unternommen wurde. Diese Philosophie der Spätzeit nun präsentiert sich als ein synkretistisches Durcheinander platonisch-neuplatonischer und aristotelisch-stoischer und noch anderer Ansichten. Das ist natürlich ganz grob gesagt, und hier müßten auch einige Worte zur Epistemologie bei den verschiedenen Philosophen der griechischen Hoch-Zeit kommen, auf die sich das alles stützte. Und es müßte vor allem gezeigt werden, ob und wie die Klassiker Nichtphänomenales zur Erkenntnis der Phänomene herangezogen haben. Aber das ist ein genuines Gebiet der Philosophiehistoriker, in das ich mich nicht einmischen will.

Was nun die Alchemie unserer, der westlichen, Tradition betrifft, die ihre Ursprünge ebenfalls in den ersten nachchristlichen Jahrhunderten hatte, und zwar im östlichen Mittelmeerbecken, so kann man feststellen,

---

1 Siehe dazu insbesondere OWEN BARFIELD: Saving the Appearances. 2. Auflage, Hanover, NH: Weslayan University Press 1988, S. 58–64.

daß auch sie ein Kind des spätantiken Synkretismus ist, und dies – beeinflußt etwa von stoischem und neuplatonischem Gedankengut – in Form einer eigenartigen, einer pantheistischen oder panpsychistischen Gnosis, die zwar wie die übliche Gnosis an einen unerlösten Geist als Teilhaber göttlicher Transzendenz glaubt, diesen Geist aber nicht nur als ein Pneuma im Menschen, sondern auch als ein Pneuma in der Materie wahrnimmt. Das hat zwei Konsequenzen: Zum einen kann der Mensch als Pneuma zu Pneuma an der Transzendenz der Materie innerlich teilnehmen, zum anderen ist die Materie wie der Mensch erlösungsfähig, und das heißt, sie ist fähig, über sich selbst hinauszusteigen.

Weil sie sich ihrer pantheistischen Implikationen nicht bewußt war, paßte sich die ursprünglich nicht deutlich christliche und später ja auch islamische Alchemie recht gut ins christliche mittelalterliche Denken und in dessen Erkenntnistheorie ein. Zum Beweis, und ich will mich auf einen einzigen Gewährsmann beschränken, möchte ich auf Thomas von Aquino hinweisen. Das tue ich vor allem deshalb, weil er einen schönen Satz gesagt hat, mit dem er eine Aussage des Aristoteles wiederholt, mit dem er wohl aber auch das Weltverständnis des Mittelalters und zugleich auch das der Alchemie gut wiedergibt[2]: „Anima est quodammodo omnia." – „In gewisser Weise ist alles Seele." Und Thomas schreibt auch: „Anima quasi transformata est in rem per speciem."

Thomas hat damit allerdings nicht gemeint, daß die Materie Pneuma oder Anima, also so etwas wie die menschliche Seele, ist, er hat gemeint, daß der Erkenntnisprozeß über die Seele des Menschen verläuft, indem sie sich mit dem zu erkennenden Phänomen der Außenwelt im Akt des Erkennens verbindet. Thomas war sich demnach bewußt, daß der Denkende am wahrgenommenen und also gedachten Phänomen teilnimmt, partizipiert, und dies mit seiner Seele.

Nun sind die Überlegungen des Thomas andere als die der pantheistisch angehauchten Alchemisten, aber man kann, glaube ich, an ihnen

---

2 THOMAS VON AQUINO: Summe der Theologie. Zusammengefaßt, eingeleitet und erläutert von Joseph Bernhart. 3 Bde, Stuttgart: Alfred Kröner 1954; hier Bd 1, S. 119. – Die durchaus diskutierbare Textstelle wird interpretiert von O. BARFIELD (wie Anm. 1), 84–91.

das Denken der Alchemisten, die ihrerseits niemals eine explizite Erkenntnistheorie vorgetragen haben, begreiflich machen. Für die alchemischen Adepten wie für Thomas galt, daß der Mensch – ob er's weiß oder nicht – stets mehr sieht als das empirisch wahrnehmbare Phänomen. Er sieht zugleich das Symbolon des Transzendenten, und er kann es, weil das Organ seiner Wahrnehmung, die Anima, sich die Dinge der Außenwelt anverwandelt, und weil dieses Organ im christlichen Verständnis Ort der Erlösung und zugleich damit Ort der Transzendenz im Menschen ist. Unter dem Einfluß christlicher Sichtweise hat der mittelalterliche Mensch das Symbolische und das sogenannt Faktische in eins gesehen.

Denken Sie, um es sich klar zu machen, an das Bild eines Herren in Straßenanzug mit Aktentasche in der einen, Regenschirm in der anderen Hand und Flügeln an den Schultern. Läßt Sie das an den Lieben Gott denken? Ich würde sagen, Sie denken eher an eine Faschingsfete oder an einen Gag von Dali. Wir Menschen von heute trennen, wenn es um Transzendentes geht, das Profane vom Symbolischen, und wenn es mit Gewalt verbunden wird, hat das etwas Komisches an sich. Im Mittelalter dagegen war es selbstverständlich, daß die Engel – als Boten Gottes – die gleiche Kleidung trugen wie die Menschen, denen sie immer wieder die Frohe Botschaft verkündeten.

Die Trennung das Faktischen vom Symbolischen setzt für meine Begriffe mit dem Beginn der Neuzeit ein und findet ihren Ausdruck in reformatorischen Bestrebungen. Die Heilige Schrift zum Beispiel bot im Mittelalter ein Raumnetz unterschiedlicher Bedeutungen. Dabei handelte es sich um Bedeutungen, die nicht in Blöcken sozusagen nebeneinander gelagert waren und analytisch getrennt werden konnten – also: dieser Textteil ist anagogisch zu deuten, jener andere Textteil moralisch und so fort –; es waren vielmehr Bedeutungen, die sich im selben Text alle zugleich manifestierten, wenn sie auch erkannt und von den dazu Berufenen, den eben auch deshalb Geistlichen, interpretiert werden mußten. Wenn Martin Luther das abwies („Scriptura se ipse scripsit."), dann war das ein Programm. Darüber wäre natürlich noch viel zu sagen, was den Theologen überlassen sei. Für uns ist hier nur wichtig festzuhalten, daß, wenn die Heilige Schrift nur auf sich selbst verweist, die Dinge der Welt ebenfalls nur auf sich selbst verweisen.

Nach der innersten Vorstellungswelt der Alchemie – denken Sie an die Beseelung sowohl der Materie als auch des Menschen – konnten die Adepten der Frühen Neuzeit eine solche Trennung des Faktischen und des Symbolischen als des Bedeutung Gebenden nicht hinnehmen. Genau diese Weigerung, das hinzunehmen, hat, so glaube ich, zu der frappierenden Konjunktur der Alchemie gerade in der Frühen Neuzeit und gerade im Bereich des Protestantismus beigetragen. An der Symbolisierung des Transzendenten im Paradoxon läßt sich das – aus unserer Sicht – wohl am besten klarmachen.

Religion schlechthin ist das Feld der Paradoxa; denn nur im Paradoxon kann das Transzendente in genau dem, das es nicht ist, im Immanenten, im sinnlich Wahrnehmbaren, nicht bloß vorausgesetzt, nicht bloß erfühlt, sondern dargestellt werden.

Nun gibt es Konstellationen des Immanenten, die genau das leisten, das heißt, sie lassen Transzendenz im Paradoxon aufleuchten. Konstellationen dieser Art entstehen, wenn Grundbefindlichkeiten des Menschen, die sich, wenn man die Logik und die Alltagserfahrung befragt, gegenseitig ausschließen, dennoch und dabei in ihrer ganzen Fülle erhalten bleiben, und zwar zeitlich und räumlich zugleich. Die analytische Psychologie behauptet, daß der innerste psychische Kern des Menschen, von ihr ‚Das Selbst' genannt, genau das leistet: Das Selbst ist das Eine des Menschen im Alles aller menschlichen Empfindungen, es ist das Zentrum kosmischen Sinns, und es ist zugleich sein eigener Widerpart im Gefühl einer allumfassenden Absurdität. Die Integration von Grundbefindlichkeiten, die polar einander ausschließen, sich aber auch nicht dialektisch vernichten können, weil jede für sich selbst allumfassend ist, diese Integration gegen alle Logik und gegen alle Empirie ist das Feld und zugleich eine Art Beweis des Transzendenten. Das Erlebnis des Selbst ist, wie die analytische Psychologie behauptet, ein Numinoses.

Aber es gibt noch eine andere, nicht in Träumen oder Visionen verborgene, sondern offene, alltägliche Grundbefindlichkeit, die den Menschen fühlen läßt, daß er unaufhebbar nur ein Teil eines Ganzen und doch zugleich das Ganze ist. Und diese Grundbefindlichkeit ist sein Wissen und Fühlen, daß er einem von zwei Geschlechtern angehört und doch ganz Mensch ist. Ein Zugleich der beiden Geschlechter, jeweils in ihrer ganzen kosmischen, ungeschwächten Fülle, bedeutet damit ein Menschsein, das das empirische Menschsein übersteigt, transzendiert, und das deshalb in den Bereich des Numinosen gehört. Eine Darstellung dieses Zugleich, aber nicht als ästhetischer Versuch, sondern als materielle, die Materie übersteigende Erscheinungsform wäre gleichbedeutend mit einer Darstellung des Numinosen mitten in unserer Erscheinungswelt.

Das war im Mittelalter mit seinem besonderen Verhältnis zum Faktischen als einem zugleich Symbolischen nichts besonders Aufregendes. In der Frühen Neuzeit war es das, und es wurde von den Alchemisten – ohne bewußte Absicht – immer deutlicher ins Zentrum alchemischen Geschehens gerückt.

Damit sind wir wieder beim Hermaphroditen. Der Begriff des Hermaphroditen taucht schon in griechisch-ägyptischen alchemischen Texten auf – wenn auch ganz am Rande –, und auch die Vorstellung, daß permanente Polaritäten deshalb polar und permanent sind, weil Eigenschaften des einen Pols potentiell auch im anderen Pol enthalten sind, ist alt. Dazu ein Bild zum Kampf der materiellen Geschlechter in der chemischen Reaktion, wie er in einem frühneuzeitlichen Traktat dargestellt ist[3] (siehe Abbildung 1).

Sie sehen auf den Schilden, daß die Frau sich mit dem Symbol des Männlichen, der Sonne (lateinisch Sol), und der Mann sich mit dem Symbol des Weiblichen, dem Mond (lateinisch Luna), schützt und daß beiden damit das Symbol des jeweils anderen zugehört.

Die erste ausführliche bildliche Wiedergabe eines Hermaphroditen finden wir im *Buch der Heiligen Dreifaltigkeit* (siehe Abb. 2)[4], das bezeichnenderweise für Teilnehmer des Konstanzer Konzils von 1414 bis

---

3 Aurora consurgens (frühes 15. Jahrhundert), Zürich, Zentralbibliothek Cod. Rh. 172 (544), Blatt 10^v.

4 UWE JUNKER: Das 'Buch der Heiligen Dreifaltigkeit' in seiner zweiten, alchemistischen Fassung (Kadolzburg 1433). (Arbeiten der Forschungsstelle des Instituts für Geschichte der Medizin der Universität zu Köln, Bd 40) Köln: C. E. Kohlhauer 1986: hier S. 347 – zum Luziferischen Hermaphrodit siehe S. 355.

Abb. 1: Kämpfendes alchemisches Paar (aus einem Manuskript der
Aurora consurgens [frühes 15. Jahrhundert], Blatt 10ᵛ)

1418 verfaßt wurde. Auf dem Konzil, das keine Kirchenreform mehr zustandebrachte, wurde bekanntlich der große Reformator Jan Hus verbrannt.

Das Bild zeigt die Symbolwelt eines Geschehens im Alchemistenlabor, egal ob der Autor des Traktats, Ulmannus hieß er, selbst laboriert hat oder nicht. Wenn wir uns das Ganze nun naiv, unvoreingenommen, und das heißt: mit modernen Augen anschauen, dann fällt uns auf, daß das Bild nicht nur künstlerisch wertlos ist, gewiß auch schon im Quattrocento, sondern vor allem, daß es nichts Perspektivisches an sich hat, sondern aspektivisch zusammengeklebt ist wie eine Collage. Es soll auch tatsächlich kein Zentrum der Beobachtung und keinen Fluchtpunkt wiedergeben. Jeder Aspekt ist ein allumfassendes Symbolon.

Abb. 2: Hermaphrodit aus dem *Buch der Heiligen Dreifaltigkeit* (1433)

Nun zu den Einzelheiten: Die Aufgerollte Schlange in der Hand der männlichen Halbfigur soll wohl die *Coagulatio*, die Verfestigung, aber auch Schwefel als den festen Teil aller Materie darstellen, die drei sich bewegenden Schlangen in der Hand der weiblichen Halbfigur sollen wohl für die *Sublimatio*, die Verdampfung, aber auch für Quecksilber als den flüssigen, beweglichen Teil der Materie stehen. Die Flügel sind sowohl Hinweis auf das Feuer in den alchemistischen Öfen als auch Hinweis auf eine Überschreitung des Seins im Hermaphroditen. Die Krone mag Sinnbild des Steins der Weisen sein, der in der Form von gold- beziehungsweise silberschaffenden Essenzen, die im Silber- und Goldbaum symbolisiert sind, die Materie zu sättigen und damit zu erlösen vermag. Der geistbegabte, also geflügelte Drache der Materie nährt sich von den Wurzeln der Bäume und verbindet sie zugleich mit der materiellen Grundlage des Hermaphroditen, die er ja auch selbst repräsentiert.

Die Figur des Hermaphroditen ist ganz allumfassend weiblich und ganz allumfassend männlich. Sie hat weder etwas von demokratisch gleichberechtigtem Halbe-Halbe an sich, noch etwas von der androgynen Süßlichkeit hellenistischer Marmorfiguren des Hermaphroditos. Sie ist Zwei in Eins, die paradoxe Vielheit in der Einheit; und tatsächlich wurde der Hermaphrodit auch als *Res bina*, als das Zwiefache bezeichnet, aber in einem Wort, nämlich als *Rebis*. Im Jahre 1752 reimte ein Alchemist und Dichter nicht eben von Gottes Gnaden namens L. C. S. Maynz über diesen Rebis[5]:

„Von Art hab ich einen grauen Leib,
Ich doch kein Mann und auch kein Weib;
Beide Naturen an mir zu han,
Das zeigt mein Fleisch und Blut wohl an,
Das Blut männlich, das Fleisch weiblich,
Die Kraft beider ist die geistlich.
Ich habe Mann- und Weibesglied,
Drum nennt man mich Hermaphrodit: [...]

---

5 Zitiert nach HANS BIEDERMANN: Lexikon der magischen Künste. Die Welt der Magie seit der Spätantike. 3., verbesserte und erweiterte Auflage, München: Heyne 1991, S. 51 f.

Ein Ding der Welt vor Augen steht,
So in sich nimmt des Goldes-Scret:
Sein Form ist männ- und weiblich Gestalt
Und sein Natur ist heiß und kalt.
Der Mann bleibt fest, das Weib das fließt
Wenn mans aus seiner Miner gießt:
Ist doch nur eins, Anfang und End,
Hiermit der Mann zum Weib sich wend..."

Doch wofür steht der Hermaphrodit eigentlich? Er steht für das gelungene Paradoxon. Er steht für die Vereinigung von Sol und Luna, von Mars und Venus, von König und Königin, von Sulfur und Mercurius und kann sogar für die Dreieinigkeit stehen; denn er ist zwei und zugleich ein Drittes. Und er kann sowohl auf die Materie, die Prima Materia, als auch auf den Stein der Weisen hindeuten. Es gibt also Mengen von möglichen Interpretationen. So erscheint der Hermaphrodit denn auch an ganz verschiedenen Stellen alchemischer Bildsequenzen.

Die Abbildungen, die ich Ihnen nun vorführe (Abbildungen 3 bis 6), stammen aus der Werkstatt der berühmten Kupferstecherfamilie de Bry und wurden in Versen kommentiert von Daniel Stoltzius von Stoltzenfels, der 1623 hier in Marburg immatrikuliert war, das ja unter dem Landgrafen Moritz zu den Hochburgen des Hermetismus gehörte[6]:

Abbildung 3 zeigt Albertus Magnus.

Abbildung 4 zeigt das Ei der vier Elemente mit Kronen. Stoltzius fragt selber: Vier Elemente plus dem Überelement, dem Stein?

Abbildung 5 zeigt: die Erste Materia; das gesamte Werk; die vier Elemente; die Dreiheit Corpus/Anima/Spiritus; Richtscheit und Zirkel als Symbol der Schöpfung (aber sicher auch als Hinweis auf Rosenkreutzerisches); Quecksilber als Verbindendes; auch der Hermaphrodit selber deutet auf Verbindung hin, und zwar in seiner Trichotomie Corpus (als

---

6 DANIEL STOLTZIUS VON STOLTZENBERG: Chymisches Lustgärtlein [1624]. Im Anhang: FERDINAND WEINHANDL, Einführung in die Alchimie des *Chymischen Lustgärtleins* und ihrer Symbolik. Nachdruck: Darmstadt, Wissenschaftliche Buchgesellschaft 1975. Zu Stoltzius hier S. 4 f.

Weibliches) / Spiritus (als Männliches) / Anima (als Seelisches). Es bildet das Band, das beseelende Vinculum zwischen Corpus und Spiritus. – „Anima vocatur rebis", heißt es im *Rosarium philosophorum* von 1550⁷.

Abbildung 6 zeigt den getöteten Hermaphrodit. Das Bild stellt auch das andere Grundmotiv der Alchemie dar, das Wechselspiel von Geist und Materie als Wechselspiel nicht des einen Seinsbereichs des Männlichen und des Weiblichen, sondern zweier Seinsbereiche, wenn der Geist, Pneuma oder Spiritus, sich von der groben Materie löst und in sie zurückkehrt.

Abb. 3: „Albertus Magnus, ein Teutscher"
(aus D. Stoltzius von Stoltzenberg: Chymisches Lustgärtlein. 1624, Figur XXI)

---

7 CARL GUSTAV JUNG: Gesammelte Werke. Bd 16 (Praxis der Psychotherapie, 2. Teil: Spezielle Probleme der Psychotherapie), Olten usw.: Walter ³1979, S. 259, Anm. 12 (aus dem Sammelwerk *Artis auriferae...*, Basel 1593, Bd 2, S. 204–284).

LXXXV. Figur.

Abb. 4: „Das Ey der Weyßen"
(aus D. Stoltzius von Stoltzenberg: Chymisches Lustgärtlein. 1624,
Figur LXXXV)

Wenn, wie schon gesagt, im Hermaphroditen das Weibliche und das Männliche jeweils allumfassend gedacht werden muß, dann geben alle Bilder, die ich gezeigt habe, etwas wieder, das mal so und mal so betrachtet werden kann, ohne daß wir die beiden Betrachtungen zur Deckung bringen können. Kurz, in seiner aspektiven Anordnung bietet sich uns das Bild als etwas Komplementäres an. Dabei will es nicht, wie etwa

XCVIII. Figur.

Abb. 5: „Die Erste Materia"
(aus D. Stoltzius von Stoltzenberg: Chymisches Lustgärtlein. 1624, Figur XCVIII)

die Collagen von Max Ernst, den Rätselcharakter der Welt verstärken – nein, der Hermaphrodit verweist uns nicht auf ein Rätsel, er verweist uns auf ein umfassendes Geheimnis. Ein umfassendes Geheimnis aber läßt

LXXIV. Figur.

Abb. 6: „Die Bestendigkeit"
(aus D. Stoltzius von Stoltzenberg: Chymisches Lustgärtlein. 1624, Figur LXXIV)

sich weder verstärken noch analytisch auflösen, und zwar deshalb nicht, weil es, und sei es gegen den äußeren Anschein, keine Schnittstellen hat. Und so kann der Hermaphrodit in seiner geheimnisvollen Komplementarität, die alle Schnittstellen negiert, zweifellos etwas Transzendentes, etwas Numinoses ausdrücken.

Das Wort ‚Komplementarität' läßt uns natürlich aufhorchen; denn auch die Elementarteilchenphysik redet ja von Komplementaritäten. Die Quantenmechanik hat „entdeckt, daß dasselbe physikalische Objekt zwei verschiedene, einander scheinbar ausschließende Erscheinungsformen besitzt: Teilchen und Feld [oder Welle]. Diese beiden Formen, unter denen alle atomaren Objekte im Experiment erscheinen, sind nicht aus einer größeren Anzahl gleichwertiger Möglichkeiten herausgegriffen; sie bilden vielmehr eine vollständige Disjunktion. Ein Teilchen ist ein physikalisches Gebilde, das sich, wenn es sich an einem Ort befindet, nicht gleichzeitig an einem davon entfernten Ort befinden kann; ein Feld ist ein durch den Raum verbreitetes Gebilde. Die Teilchen-Natur eines Gebildes folgt aus allen Experimenten, die eine Lokalisation seiner Wirkung beweisen [zum Beispiel Nebelkammeraufnahmen]; die Feld-Natur eines Gebildes folgt aus allen Experimenten, die ein Zusammenwirken mehrerer voneinander entfernter Orte beweisen [zum Beispiel Interferenz]"[8].

Das eine – zur selben Zeit, am selben Ort - ist also zugleich das andere, und zwar ganz. Die beiden Bilder, die das beschreiben, bieten beide richtige Antworten auf die Frage nach dem Sosein des Elementarteilchens, und damit nach dem Sosein der Wirklichkeit hinter der Wirklichkeit unseres Alltages.

Wenn wir nun die Mikrophysik als das Transzendente der Makrophysik der uns umgebenden Gegenstände bezeichnen, dann müssen wir nicht nur eine Gemeinsamkeit, sondern auch einen wesentlichen Unterschied dieses Transzendenten zu dem Transzendenten feststellen, von dem ich bisher geredet habe.

Schon im frühen Mittelalter im 9. Jahrhundert hat Johannes Scotus Eriugena betont, daß das Höllenfeuer mitnichten ein richtiges, sinnliches Feuer ist, sondern ein rein spirituelles, das man sich aber anders nicht vorstellen kann. Das Transzendente an sich ist also im wahrsten Sinne des Wortes gar nicht begreiflich. Das alchemische und das mittelalterliche Denken überhaupt haben das Transzendente begriffen, indem sie am Transzendenten in den Dingen partizipiert haben. Man kann dabei nicht einmal sagen, daß für sie das Transzendente Teil dieses oder jenes Gegenstands war, es war im wesentlichen der Gegenstand selbst. Isoliert,

---

8 CARL FRIEDRICH VON WEIZSÄCKER: Zum Weltbild der Physik. 3. Auflage, Leipzig: S. Hirzel 1945, S. 83.

isoliert in oder jenseits der Dinge, war und ist das Transzendente nicht vorstellbar. Die Partizipation ging durch die Gegenstände hindurch über sie hinaus, und deshalb konnte das Transzendente sinnlich gespürt, gefühlsmäßig erfaßt werden.

Wie steht es nun mit der Elementarteilchenphysik? Auch hier ist das die Gegenstände Transzendierende nicht faßbar, auch wenn wir behaupten, es sei das die Gegenstände überhaupt erst Konstituierende. Wir sind uns heute auch sicher, daß die submikroskopischen Bauteile wahrnehmbarer Phänomene nicht etwa in einem Abbildverhältnis zu diesen Phänomenen stehen. Wenn wir wie Münchhausen-auf-der-Kanonenkugel auf einem Elektron sitzen könnten, würden wir es nicht wahrnehmen: es hat einfach keine sinnlich wahrnehmbaren Eigenschaften.

Nun könnte man fragen: Ist nicht auch im Falle der Physik das Transzendente zugleich der Gegenstand, zugleich das Phänomen, das wir sinnlich wahrnehmen können? Antwort: Das ist tatsächlich so, und die Frage ist bloß, warum die Alchemisten und die Physiker nicht in einem Boot sitzen.

Eine Antwort darauf ist vielleicht die folgende: Die Alchemisten partizipierten an der Transzendenz, und das konnten sie, weil sie die ganze Komplexität ihres Menschseins und damit nicht oder nicht nur ihren diskursiven Verstand, sondern vor allem ihre Sinnlichkeit in diese Partizipation hineingaben.

Anders gesagt: Die Denkweise der Alchemisten war komplex, sie suchte die Komplexität in ihrer Komplexität zu erhalten, und sie war zugleich subjektiv. Wir heute denken, wenn wir die Natur als Natur zum Gegenstand machen, analytisch und objektbezogen. Vielleicht sind die philosophischen Fachtermini dafür andere als die, die ich eben gebracht habe. Deshalb möchte ich erklären, was ich aus historischer Sicht damit meine. Wir in der Welt der Moderne haben das Symbol vom Gegenstand, wir haben den Gegenstand vom Gegenstand getrennt, um ihn an und für sich zu betrachten. Wir isolieren analytisch Gegenstand von Gegenstand, der dadurch und damit die Transzendenz verliert, die ja im Leitmotiv schon der griechisch-ägyptischen Alchemisten liegt, im *Hen to pan* (ἓν τὸ πᾶν), im Eines in Allem, im Alles in Einem.

Der Verzicht darauf, alle Dinge, alle Eindrücke, alles Erleben im Prinzip in allen anderen Dingen, Eindrücken und Erlebnissen wiederfinden zu wollen, hat durchaus Vorteile. Er bringt uns aus dem Gemuschel von Gedankengefühlen hin zu präzisen, *sine ira et studio* vermittelbaren Aussagen. Und das bezieht sich auch auf die Komplementarität, die dann allerdings keine Öffnung durch das Objekt hindurch hin zum Transzendenten mehr gestattet. Wenn wir Präzision verlangen, dann müssen wir isolieren; denn nur auf eine genau umgrenzte Frage können wir eine genau umgrenzte Antwort verlangen. Die Neuzeit begann eine Ahnung dafür zu entwickeln, als Johannes Kepler etwa 8 Bogenminuten im Copernicanischen System für wichtig hielt, wenn auch damals aus ganz anderen Gründen.

Und auch heute ist es so: Die Heisenbergsche Unschärferelation antwortet auf eine präzise, von Meßergebnissen nahegelegte Frage. Und was das Elementarteilchen angeht, so antwortet die Materie als Korpuskel auf eine präzise Frage, und die Materie als Welle antwortet ebenfalls auf eine präzise Frage. Dabei geht es um Einfachheit und nicht um Komplexität; es geht um eine präzise Aussage und nicht um eine komplexe Mehrschichtigkeit, die nur in einer mehrschichtigen Bedeutungsvielfalt wiedergegeben werden könnte.

Und damit sind wir bei unserem heutigen Verständnis der bildlichen Darstellung; denn es ist das Bild, das am besten Ungleichzeitiges als Gleichzeitiges und Gleichzeitiges als zeitlich disparat darstellen kann und das damit jedes Zugleich besser in den Griff bekommt als alle nur denkbaren Wortfolgen.

In der Frühen Neuzeit können wir ein Weg fort vom Text hin zum Bild beobachten, der Ende des 17. Jahrhunderts, nämlich 1677, im *Mutus Liber*, im ‚Stummen Buch' mündet. Der einzige Satz in diesem alchemischen Bilderbuch lautet: „Ora, lege, lege, lege, labora et invenies" – „Bete, lies, lies, lies, laboriere und du wirst finden". Im Mund der Alchemie in ihrer Spätphase bedeutet das: „Ich kann mit den oberflächlichen Erklärungskünsten der neumodischen Chemiker und Materietheoretiker nicht mehr mithalten, aber kontemplier mich, und du wirst im wahrsten Sinne des Wortes hinter das kommen, was ich meine. Wenn du mich liest, wirst du sehen lernen." So steht denn auch am Schluß des Traktats: „Oculatus abis", „Als einer, dem die Augen geöffnet sein werden, wirst du fortgehen".

Nun stellen wir uns den Welle-Korpuskel-Dualismus als ein Bild in einem Physikbuch vor. Etwa so:

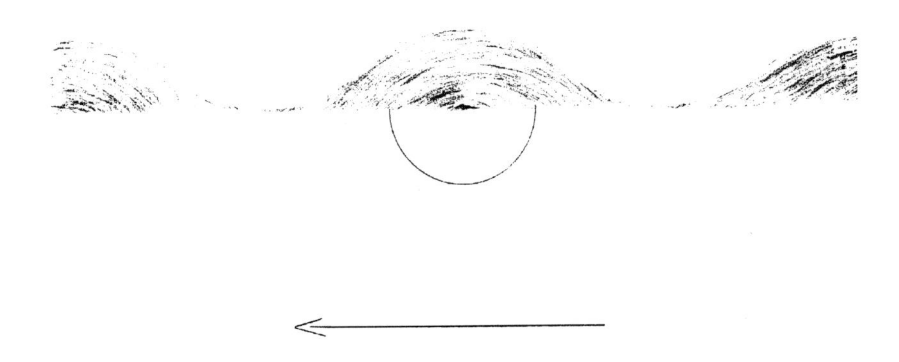

Das Bild sagt uns nichts. Warum? Weil die auf das einfachst Mögliche reduzierte physikalische Antwort auf eine physikalische Frage jeden ästhetischen Reiz vermissen läßt, und weil die optische Aussage nichts vermittelt, das über die Aussage der mathematischen Gleichung hinausginge, also neue und sei es auch nur didaktische Erkenntnis brächte. Es steigt in uns also kein feierlicher Schauer auf angesichts der Paradoxa der Natur beziehungsweise der Paradoxa unseres Denkens.

Genauso wenig allerdings fühlen wir in uns so etwas wie eine fromme Erregung, wenn wir uns ein Bild des Hermaphroditen als Ausdruck eines Komplementaritätsphänomens anschauen. Und doch stehen wir dem Bild des Hermaphroditen anders gegenüber als der optischen Welle-Korpuskel-Skizze, wie sie dort steht. Wir flüchten aus dem Anspruch, Transzendenz zu berühren, in die Ästhetik, wie wir es ja auch vor Kunstwerken in Kirchen machen, denen wir damit genauso Unrecht tun. Unsere ästhetische Betrachtung zieht sich damit, so meine ich, aus dem Bereich alchemischen Denkens zurück, aber nicht bis in den Bereich naturwissenschaftlicher Objektivierung, sondern bis in einen Bereich, in

Abb. 7: Hermaphrodit aus dem *Splendor Solis*
(Codex germ. Fol. 42 der Berliner Staatsbibliothek)

dem wir noch werten können, weil in diesem Bereich die Dinge in ihrer Komplexität als bedeutend erhalten geblieben sind, also immer noch auf anderes hindeuten, wenn es auch nicht das ist, was die Alchemisten darstellen wollten.

Ich zeige Ihnen zum Schluß ein Beispiel dafür, daß eine ästhetische Wertung angesichts eines komplexen Phänomens durchaus noch möglich ist. Dieser Hermaphrodit im Traktat *Splendor Solis* aus dem 16. Jahrhundert (Bild 7) ist ein künstlerisches Meisterwerk, auch wenn wir den Meister nicht kennen, ein Meisterwerk, das als künstlerisches Gebilde über sich hinausweist. Aber dieser merkwürdige Doppelmensch rührt unsere Leidenschaft hin zum Transzendenten, das doch durch seinen Leib hindurch schimmern soll, nicht mehr an. Leider Gottes, so mag man sagen, haben wir jeden Sinn dafür verloren. Der alchemische Hermaphrodit und der Stein der Weisen, der manchmal auch als der Sohn des Hermaphroditen bezeichnet wird, sind uns auf immer abhanden gekommen.

---

9 Krewel-Werke (Hrsg.): Splendor Solis. Nachdruck des Codex germ. Fol. 42 der Berliner Staatsbibliothek [Einleitung von GISELA HÖHLE]. Wiesbaden: Optimum 1972. – Zum Hermaphroditen in der bildenden Kunst und der Literatur vgl. unter anderem ANDREA RAEHS: Zur Ikonographie des Hermaphroditen. Begriff und Problem von Hermaphroditismus und Androgynie in der Kunst. (Hochschulschriften, Bd 113) Frankfurt am Main usw.: P. Lang 1990, zugleich Diss. RWTH Aachen; KARIN ORCHARD: Annäherung der Geschlechter. Androgynie in der Kunst des Cinquecento. Münster: LIT Verlag 1992; ACHIM AURNHAMMER: Androgynie. Studien zu einem Motiv in der europäischen Literatur. (Literatur und Leben, N.F. Bd 30) Köln/Wien: Böhlau 1986.

Dankesworte

von

Fritz Krafft

Mein Kollege Peter Dilg, der den Ablauf dieser Veranstaltung festgelegt hat – und mir gegenüber auch bis fast zum Schluß geheim hielt –, hatte mit der Einladung von Hans-Werner Schütt für den Festvortrag eine glückliche Hand; und auch Sie, sehr verehrte Damen und Herren, haben durch Ihr zahlreiches Erscheinen aus allen Teilen Deutschlands und aus der Schweiz seine Wahl bestätigt und ihm Recht gegeben. Für den so hohen und zahlreichen Besuch ist aber sicherlich auch das Vortragsthema verantwortlich, das Du, lieber Werner, für diesen Anlaß gewählt hast. Ich danke Dir dafür recht herzlich. Du hast uns damit wieder auf den Boden unserer Wissenschaft zurückgeholt.

Ich bin dankbar dafür, daß erst an dieser Stelle einige Minuten für mich eingeplant wurden; nach dem ersten Teil der Veranstaltung hätte ich kaum rechte Worte gefunden, insbesondere nicht nach Ihrer Laudatio, lieber Herr Toellner, die mir manches Detail in dem unserer Wissenschaft gewidmeten Teil meiner Tätigkeiten in einem etwas anderen Licht erscheinen ließ, als es sich mir bislang selber darstellte. Wir haben beide gemeinsam in wechselnder Verantwortung von der Plattform der Gesellschaft für Wissenschaftsgeschichte aus versucht, die Geschicke der allgemeinen und der fachbezogenen Wissenschaftsgeschichte zumindest in Deutschland lenkend zu beeinflussen und inhaltlich mit zu prägen, und es ist uns wohl auch ein gut' Stück gelungen – wie der gegenwärtige Präsident der Gesellschaft, Rüdiger vom Bruch, uns in seinem Grußwort bestätigt hat. Auch dafür, lieber Herr vom Bruch, herzlichen Dank. Daß die eigentlichen Ziele nur einem selber bekannt waren, so daß die vielen Fehler und kritikwürdigen Entscheidungen auch nur diesem selber so recht bewußt werden konnten, möchte ich aber doch anmerken dürfen.

Lassen Sie mich wenigstens an dieser Stelle auch allen denen meinen Dank aussprechen, die mit Grußworten zu Beginn der Veranstaltung Mosaiksteinchen zu dem Außenbild zusammengetragen haben, das sie jeweils aus dem gemeinsamen Tätigkeitsfeld heraus gewonnen hatten:

Ihnen, Magnifizenz, lieber Herr Schaal, der Sie damit einen der letzten Akte Ihrer Amtszeit, die mit diesem Monat endet, vollzogen haben; und ich bin froh, daß Sie dieses nicht delegiert, sondern persönlich übernommen haben, waren Sie doch während fast der gesamten Zeit meiner Zugehörigkeit zur Philipps-Universität, nämlich seit 1989, mit der Leitung dieser Alma mater betraut worden. Ich gehörte damals schon dem Konvent als dem Wahlgremium an, das Sie mit jeweils beachtlicher Mehrheit durch alle Gruppen zum Vizepräsidenten und später auch zum Präsidenten gewählt hat. Von Ihren Wählern hat sicherlich keiner diese Entscheidungen später bereuen müssen. Vor gut 14 Tagen sind in einer beeindruckenden Feier der Übergabe und Übernahme der Präsidentschaft *Ihre* Verdienste um die Universität und ihre Wissenschaften von vielen Seiten gewürdigt worden. Daß man dabei eine Kleinigkeit vergessen hat oder nicht für erwähnenswert hielt, war bei der Fülle der Tätigkeiten verzeihlich – deshalb kann ich das auch gleich nachholen, ohne etwas wiederholen zu müssen.

Mein Dank gilt auch Ihnen, Spectabilis, liebe Frau Klumpp, als Dekanin des Fachbereichs Pharmazie sozusagen als dem obersten nachgeordneten Hausherrn (auch auf Sie werde ich später noch einmal zurückkommen)

sowie Ihnen, lieber Herr Pieck, der Sie als ein Mitglied des die Bundesvereinigung deutscher Apothekerverbände ABDA leitenden Dreigestirns sozusagen den den beiden anderen zeitlich *vor*geordneten Hausherrn repräsentieren; denn das Institut für Geschichte der Pharmazie beruhte ursprünglich über mehrere Jahre auf einer von der ABDA im Namen der deutschen Apothekerschaft für Rudolf Schmitz, den Gründer des Instituts, gestifteten Professur. Und daß ich den jungen Pharmaziestudierenden stets auch Einblicke in ihr späteres Berufsleben zu vermitteln suchte – wer anders als der Pharmaziehistoriker sollte das auch sonst tun –, werden Ihnen die ja alle bereits mehrere Jahre im Beruf stehenden Doktoranden, die die Vorlesung ebenfalls hörten, bestätigen können. Sie haben mir sogar ein gutes Verständnis für die Probleme ihres Berufs attestiert und meinten nach der letzten Seminarsitzung ebenfalls, man müsse mich eigentlich zum Ehrenapotheker ernennen. – Ein größeres Lob habe ich in meiner ja nun schon langjährigen Tätigkeit als akademischer Lehrer bisher nicht erfahren.

Nicht zuletzt danke ich auch den Präsidenten beziehungsweise Vorsitzenden von vier Fachgesellschaften der Wissenschaftsgeschichte, an deren Arbeit ich mich intensiv beteiligt habe – neben Herrn vom Bruch, dem Präsidenten der schon mehrfach genannten Gesellschaft für Wissenschaftsgeschichte,

Herrn Senator Gassert von der Georg-Agricola-Gesellschaft zur Förderung der Geschichte der Naturwissenschaft und der Technik,

Herrn Kollegen Kattanek von der Otto-von-Guericke-Gesellschaft mit Sitz in Magdeburg, die zwar erst nach der Wende gegründet wurde, mit deren Vorgängervereinigung in Magdeburg ich aber auch bereits lange vor der Wende Kontakte mit gegenseitigen Besuchen pflegte,

nicht zuletzt Herrn Meyer als Vorsitzendem der Deutschen Gesellschaft für Geschichte der Pharmazie, gleichsam der wissenschaftsgeschichtlichen Fachgesellschaft, der ich als letzter beitrat und die nur deshalb als letzte zu Wort kam.

Der Festredner und das Thema seines anschließenden Festvortrags über „Alchemie und Transzendenz" waren vor allem deshalb sehr glücklich gewählt, weil beide sozusagen aus derselben Hamburger Schule kommen wie ich. Alle an dem 1960 auf Empfehlung des Wissenschaftsrates eingerichteten Lehrstuhl für Geschichte der Naturwissenschaften und späteren Institut der Universität Hamburg in den 1960er Jahren Tätigen waren urspünglich keine als solche fachlich ausgebildeten Wissenschaftshistoriker – sieht man einmal von dem Selfmademan und Nestor der deutschen Physik- und Technikgeschichte, Hans Schimank, ab. Da war der Lehrstuhlinhaber Bernhard Sticker, ein Astronom, aber natürlich wissenschaftshistorisch interessiert und durch einschlägige Publikationen ausgewiesen; da war der philosophisch orientierte und wie Hans Schimank dem Institut nur assoziierte Biologiehistoriker und Humboldt-Forscher Adolf Meyer-Abich und der aus der amerikanischen Emigration zurückgekehrte ehemalige Studienrat und Biologiehistoriker Hans Baron – und da waren die vier jüngeren: der schon arriviertere Schüler des Mathematikhistorikers Joseph Ehrenfried Hofmann Christoph Scriba, der uns als erster verließ und nach Berlin ging, die beiden mit Drittmittelprojekten betrauten Chemiker Jost Weyer und Hans-Werner Schütt, und eben Fritz Krafft auf der ersten und lange einzigen Assistentenstelle des Instituts, und der war von Haus aus Klassischer Philologe und Philosoph. Dieser nur scheinbar bunt zusammengewürfelte Haufen erzeugte durch die Notwendigkeit eines Zusammenraufens und Erarbeitens einer ja damals noch nicht existenten wissenschaftshistorischen Methodik etwas, das Außenstehende schon immer als alle Heterogenität der Arbeitsschwerpunkte und des Herkommens überlagernde gemeinsame Hamburger Schule erfaßten oder sogar mehr erspürten, wie uns von vielen zugetragen wurde.

Einige der individuell mehr oder weniger offenbaren, gemeinsamen Merkmale sind etwa die Einsicht in die enge Verwobenheit von Naturwissenschaften und jeweiliger Kultur von der Geistes- und Mentalitätsgeschichte bis hin zur Technikgeschichte und eine daraus resultierende Ehrfurcht und Demut vor der Geschichte auch der Wissenschaften und vor anderen Formen der Wissenschaften, als sie die unseren darstellen – damals entwickelte ich in Auseinandersetzung mit der Struktur wissenschaftlicher Revolutionen von Thomas S. Kuhn, den wir natürlich heftig und kontrovers diskutierten, mein Konzept des Historischen Erfahrungsraumes, das der Wissenschaft einer jeden Zeit gerecht zu werden versucht und sich bisher insbesondere für die Heuristik wissenschaftshistorischer Forschung ganz gut bewährt hat.

Daraus resultiert nicht ein durchgängiger Relativismus des Wissens und der Wissenschaft, aber eine auch anderen sicherlich gut anstehende Bescheidenheit und Skepsis, statt einer gegenwarts- oder gar zukunftsorientierten Arroganz einer vermeintlich unaufhaltsamen und ausschließlich positiv zu beurteilenden Fortschrittlichkeit. Aus dieser Einsicht entsteht aber auch eine tiefe Ehrfurch vor der Sprache als dem jeweils höchsten und wichtigsten Produkt einer Kultur, auf dem nicht nur Sprechen, Verständigen und Denken, sondern auch die sich ja aller drei bedienende Wissenschaft beruht, auch in der Form experimenteller Naturwissenschaften. Sprachkultur ist Wissenschaftskultur; ein gebildeter Engländer würde sich zum Beispiel nie einer solchen Pidgin-Sprache bedienen wie sie deutsche Naturwissenschaftler in Anbiederung an den amerikanischen Wissenschaftsbetrieb praktizieren – erst recht nicht ein Franzose.

Die Notwendigkeit einer Demut vor der Geschichte, aus der erst eine rechte Einstellung zur Gegenwart und ihrem Gewicht im Gesamtgeschehen resultiert, das dagegen abzuwägen ist, versuche ich immer gerne durch einen Wechsel von der *geschichtlichen* Zeit, die stets eine subjektive, eine subjektiv empfundene Zeit ist, so daß die unmittelbare Vergangenheit sehr viel langsamer verlaufen zu sein scheint als weiter zurückliegende Zeitabschnitte, zu einer Zeitlichkeit mit gleichförmigem Zeitfluß bewußt zu machen. Dazu übertrage ich diesen Zeitfluß in einen für uns überschaubaren Maßstab, der dann auch die Gesamtentwicklung unserer Erde und Galaxis von etwa 6 Milliarden Jahren umfaßt, und wähle als lineare Zeitskala das natürliche Jahr, dessen Ablauf wegen der wechselnden Jahreszeiten leicht überschaut werden kann. Zwei solcher ‚Jahre' fasse ich als den Zeitraum der Entwicklung der Erde und auf der Erde seit dem Entstehen unserer Galaxis auf, also als das ‚Alter von Milchstraße und Erde'. Dann entsprechen nämlich hundert Jahre einer Sekunde und umgekehrt ein Tag 8,64 Millionen Jahren, ein Jahr ca 3,16 Milliarden Jahren. In dieser Zeitskala fällt etwa in die Mitte des ersten Jahres das Entstehen der Erde, und im Oktober des ersten Jahres tritt mit den Blaualgen das erste Leben auf. Im August des zweiten Jahres entstehen mit den höheren Einzellern erste *organisierte* Lebensformen. Aber erst *nach* Beginn der vorletzten Stunde des gesamten Zeitraums von zwei ‚Jahren' erfolgt der Übergang zum Homo sapiens, und etwa seit Beginn der letzten Minute kommt es zur Entwicklung menschlicher Zivilisation und Stadtkultur (ab ca 4000 v.Chr.) – und die Anfänge rationaler Naturphilosophie und Naturwissenschaft bei den alten Griechen, das Forschungsgebiet der Wissenschaftsgeschichte, liegen nach Beginn der letzten halben Minute.

Was ist im Vergleich dazu ein Millenniumswechsel, den man gerade mit Riesen-Aufwand allenorts feierte, ohne zu wissen, ob er vielleicht nicht doch erst beim nächsten Jahreswechsel anfällt, und ohne zu bedenken, daß er sowieso nur auf einer willkürlichen Setzung basiert; was sind aber vor diesem Hintergrund auch die fünfzig Jahre ABDA, lieber Herr Pieck, die am 4. Juli in Berlin gefeiert wurden, oder auch die 35 Jahre, welche die Gesellschaft für Wissenschaftsgeschichte bisher existiert, oder die ebenfalls 35 Jahre, welche bislang das Institut für Geschichte der Pharmazie der Philipps-Universität besteht – und auch nur bestanden hätte, wenn ein vor zwei Jahren vom Fachbereich Pharmazie gefaßter Beschluß, das Fach Pharmaziegeschichte nicht weiterzuführen und das Institut für Geschichte der Pharmazie aufzulösen, ohne Widerspruch hingenommen worden wäre. Daß dieses nicht eingetreten ist, daß das in Deutschland und gemeinsam mit zwei spanischen Instituten in der ganzen Welt einzigartige Universitäts-Institut vielmehr zumindest erst einmal durch die Wiederbesetzung meiner Professur (und hoffentlich auch durch die Fortführung des Instituts, das als solches in der ganzen Kultur-Welt bekannt und anerkannt ist) gewährleistet ist, verdanken wir in erster Linie Ihnen, lieber Herr Präsident Schaal; denn Sie haben sich mit dem damaligen Beschluß des Fachbereichs, die Pharmazie- und Wissenschaftsgeschichte nicht fortzuführen, aus der Sicht des Wissenschaftsprofils der Gesamtuniversität nicht einverstanden erklären können und haben ein erneutes Überdenken gefordert und sogar als Grundlage dafür selber die nationalen und internationalen Fachgesellschaften um eine Stellungnahme zu der Güte und Anzahl möglicher Bewerber gebeten, weil der zuständige Dekan sich dazu nicht in der Lage sah. Daraufhin fand dann dieses Überdenken durch die tatkräftige Inangriffnahme durch unsere jetzige Frau Dekanin ein, wie Sie wahrscheinlich bereits wissen, positives Ende. Ihr gebührt deshalb als zweiter hierfür unser aller Dank!

Da vorerst nicht so schnell wieder so viele Wissenschafts- und Pharmaziehistoriker zusammenkommen werden, sollten sie beider Verdienste deshalb jetzt mit Ihrem Applaus honorieren.

Daß unser Wunschkandidat, Christoph Friedrich aus Greifswald, auch bereits einen Ruf auf meine Professur erhalten und diesen sogar angenommen hat, ist für mich eine große Genugtuung. Es läßt den Abschied von den Dienstgeschäften, die ich neben Lehre und Forschung zusammen mit der allgemeinen akademischen Selbstverwaltung stets als bereits mit Ergreifen des Professoren-Berufes eingegangene, dazugehörende Verpflichtung und nicht als lästiges Beiwerk empfunden habe, umso leichter fallen, als ich das mir übertragene Gut in bewährte Hände weiter geben kann – wenn auch aufgrund der lange ungeklärten Frage der Fortführung drei Jahre später als meinerseits eigentlich beabsichtigt. Bringen Sie bitte Herrn Friedrich dasselbe Vertrauen und Wohlwollen entgegen, wie Sie es mir über die Zeit meiner Zugehörigkeit zur Philipps-Universität angedeihen ließen.

Ich habe mich hier sehr wohlgefühlt – und hoffe, daß man mir noch irgendwo ein kleines Arbeitsplätzchen einräumt, weil ich meinen Doktoranden versprochen habe, ihnen noch fünf weitere Jahre als Doktorvater zur Verfügung zu stehen. Forschen kann ich auch in meinem häuslichen Arbeitszimmer – das ist ein Vorteil der Geisteswissenschaften gegenüber den experimentellen Naturwissenschaften. Zur Ruhe setze ich mich jedenfalls nicht so schnell. Sie werden mich noch etwas zu ertragen haben.

In diesem Sinne danke ich Ihnen dafür, daß Sie so zahlreich zu dieser damit beendeten „Feierstunde aus Anlaß meines Ausscheidens aus dem aktiven Hochschuldienst" gekommen sind. Ein *Abschied* war das nicht – vielmehr rufe ich Ihnen ein herzliches ‚Auf Wiedersehen!' zu.

Biographisches und Bibliographisches

Experiment geglückt

Prof. Dr. Fritz Krafft scheidet aus dem aktiven Hochschuldienst

von

Katja Schmiederer

„Experiment geglückt" war die einhellige, auch von höchster Repräsentanz ausgesprochene Meinung, als Professor Krafft am 15. Juli 2000 in der altehrwürdigen Aula der Alten Universität Marburg eindrucksvoll offiziell verabschiedet wurde. Die nahtlose Übergabe des Amts als Geschäftsführender Direktor des Marburger Instituts für Geschichte der Pharmazie und Inhaber der einzigen C 4-Professur für Pharmaziegeschichte in Deutschland an seinen Nachfolger, Prof. Dr. Christoph Friedrich aus Greifswald, erfolgte dann am 1. Oktober des Jahres. Seitdem steht das nicht nur in Deutschland einzigartige Institut unter neuer Leitung. Das soll uns Anlaß genug sein, Bilanz über fast dreizehn Jahre der Tätigkeit eines Nicht-Pharmazeuten im Dienste der Pharmazie und der Aus- und Fortbildung von Pharmazeuten zu ziehen.

Der geborene Hamburger Fritz Krafft, Jahrgang 1935, erhielt seine Schul- und Universitätsausbildung in Hamburg, nachdem die Familie nach einer Evakuierung an die Ostseeküste, von wo aus er 1946/47 das Katharineum in Lübeck besuchte, 1947 dorthin zurückgekehrt war. 1955 machte er am Christianeum, wiederum einem Humanistischen Gymnasium, sein Abitur und schwankte dann lange, welche Studienrichtung er einschlagen solle: Mathematik und Physik oder Klassische Philologie.

Für die Wahl der letzteren (parallel zu denen er im Grundstudium Germanistik studierte) hat dann die Abitur-Klassenreise zu den klassischen Stätten in Italien und Griechenland den Ausschlag gegeben. Er nahm allerdings jede sich bietende Gelegenheit wahr, Veranstaltungen zu bildungs-, philosophie- und wissenschaftsgeschichtlichen Themen aus der Antike und ihrem Fortleben zu besuchen. Besonders geprägt fühlt sich der damalige Studienstiftler des Deutschen Volkes daraufhin durch seine Lehrer Ernst Kapp, Bruno Snell, Hartmut Erbse und Carl Friedrich von Weizsäcker, wenn auch das, was er uns Doktoranden der Pharmaziegeschichte als dorther rührend an methodischem und ideengeschichtlichem Rüstzeug zu vermitteln versuchte, sicherlich eine Krafft-spezifische und den Gegebenheiten des Studienfaches seiner Doktoranden angepaßte Wissenschafts- und Methodenlehre gewesen ist.

Als Teilnehmer am Marburger Graduiertenstudiengang konnte man die lange und bewährte geistesgeschichtliche Tradition und hohe methodische Professionalität, die mit dem für Pharmazeuten und Naturwissenschaftler vom Studium her völlig fremden geisteswissenschaftlichen Rüstzeug verbunden sind, nur erahnen, als Doktorand bei der Arbeit an der Dissertation lernten wir alle sie dann sehr zu schätzen – und empfanden sie als selbstverständlichen Bestandteil einer professionell betriebenen Pharmaziegeschichte.

Krafft Methoden- und Wissenschaftsverständnis hatte allerdings, und das macht das Besondere aus, neben der geisteswissenschaftlichen Grundprägung auch eine naturwissenschaftliche Ausrichtung erfahren. Noch vor seiner Promotion von 1962 mit einem – schon auch wissenschaftshistorisch ausgerichteten – Thema aus der Klassischen Philologie (die Dissertation erschien 1963 als Buch[1], war aber keineswegs seine erste wissenschaftliche Publikation[2]) besuchte er die Veranstaltungen des 1960 auf Empfehlungen des Wissenschaftsrats hin für den 1959 beru-

---

1   FRITZ KRAFFT: Vergleichende Untersuchungen zu Homer und Hesiod. (Hypomnemata. Untersuchungen zur Antike und ihrem Nachleben, Heft 6) Göttingen: Vandenhoeck & Ruprecht 1963 (200 Seiten).

2   FRITZ KRAFFT: Die neuen Funde zur *Hekale* des Kallimachos. *Hermes* 86 (1958), 471–480.

fenen Astronomen und Wissenschaftshistoriker Bernhard Sticker eingerichteten ‚Instituts für Geschichte der Naturwissenschaften'. Hier war endlich die Möglichkeit gegeben, seine beiden Interessenschwerpunkte, die durch Germanistik, Philosophie und Alte Geschichte erweiterte Klassische Philologie und die Naturwissenschaften, miteinander zu verknüpfen. So scheint es denn auch, teleologisch betrachtet, fast folgerichtig gewesen zu sein, daß ihm und nicht einem Naturwissenschaftler die erste, 1962 eingerichtete Assistentenstelle am Institut angeboten wurde. Mit der Annahme dieses Angebotes war für Fritz Krafft nun aber nicht nur die völlig unverhoffte Überbrückung der ursprünglich bestehenden Interessen-Alternative durch die Überführung von einem ‚Entweder/oder' zu einem ‚Sowohl/als auch' verknüpft (folgerichtig studierte er daraufhin, soweit die Dienstgeschäfte es ihm erlaubten, einige Semester Physik), sondern auch der Wechsel von der Philosophischen zur Mathematisch-Naturwissenschaftlichen Fakultät und von einer sicheren Anstellung im Bereich der Klassischen Philologie zum unsicheren Weg in einem neu-installierten Fach ohne irgendwelche beruflichen Perspektiven *außerhalb* der Hochschule – und, wie sich dann herausstellen sollte, mit auch schon damals nur geringen Perspektiven *innerhalb* der Hochschule.

Sechs Jahre später konnte Krafft sich in der Mathematisch-Naturwissenschaftlichen Fakultät der Universität Hamburg für das Fach ‚Geschichte der Naturwissenschaft' habilitieren und wurde dann zum Privatdozenten und Oberassistenten ernannt. Obwohl es immer wieder der Korrektur von ‚Naturwissenschaften' zu ‚Naturwissenschaft' in der Bezeichnung seiner Venia legendi bedurfte, hat er stets Wert auf die nach seiner Auffassung von dem Fach ‚richtige', aber offiziell nicht existierende Fachbezeichnung gelegt, weil er nicht einzelne Naturwissenschaften isoliert nebeneinander zu betrachten bereit ist, sondern stets den methodischen sowie ideen- und sozialgeschichtlichen Zusammenhang und Zusammenhalt aller Naturwissenschaften in den Blick nimmt und weniger einzelne Naturwissenschafts-Geschichten anstrebt als eine allgemeine Wissenschaftsgeschichte – in die sich dann später scheinbar mühelos auch die Pharmaziegeschichte integrieren ließ.

Fritz Krafft hat in seinem Schlußwort auf der akademischen Abschiedsfeier das geistige Klima am Hamburger Institut in den 1960er

Jahren umrissen, als verschieden vorgebildete, meist Natur-Wissenschaftler nach einer gemeinsamen Methode der Wissenschaftsgeschichte, die es letztlich noch gar nicht gab, suchten und etwas praktizierten, das Außenstehende als die ‚Hamburger Schule' empfanden:

„Einige der individuell mehr oder weniger offenbaren, gemeinsamen Merkmale [dieser Hamburger Schule der Wissenschaftsgeschichte] sind etwa die Einsicht in die enge Verwobenheit von Naturwissenschaften und jeweiliger Kultur von der Geistes- und Mentalitätsgeschichte bis hin zur Technikgeschichte, die uns Naturwissenschaftsgeschichte stets auch Kulturgeschichte sein läßt, und eine daraus resultierende Ehrfurcht und Demut vor der Geschichte auch der Wissenschaften und anderer Formen von Wissenschaft als den gegenwärtigen" – damals habe er in Auseinandersetzung mit den Vorstellungen Thomas S. Kuhns von der *Struktur wissenschaftlicher Revolutionen* sein Konzept des Historischen Erfahrungsraumes entwickelt, das der Wissenschaft einer jeden Zeit gerecht zu werden versucht und das sich auch gerade beim Erarbeiten von Seminararbeiten und Dissertationen sehr gut bewährt hat.

„Daraus resultiert nicht ein durchgängiger Relativismus des Wissens und der Wissenschaft, aber eine auch anderen sicherlich gut anstehende Bescheidenheit und Skepsis, statt einer gegenwarts- oder gar zukunftsorientierten Arroganz einer vermeintlich unaufhaltsamen und ausschließlich positiv zu beurteilenden Fortschrittlichkeit. Aus dieser Einsicht entsteht aber auch eine tiefe Ehrfurch vor der Sprache als dem jeweils höchsten und wichtigsten Produkt einer Kultur, auf dem nicht nur Sprechen, Verständigen und Denken, sondern auch die sich ja aller drei bedienende Wissenschaft beruht, auch in der Form experimenteller Naturwissenschaften. Sprachkultur ist Wissenschaftskultur!"

Krafft Habilitationsleistungen von 1968 dokumentieren gleichzeitig die zunehmende Breite seiner Forschungen, die schon in einer Laudatio[3] zu seinem sechzigsten Geburtstag von dem jahrzehntelangen Weggefährten Richard Toellner treffend als „quasi organische Entfaltung und

---

3 RICHARD TOELLNER: Fritz Krafft 60 Jahre alt. *Pharmazeutische Zeitung* 140 (1995), 2565 f. (Nr. 28, 57 f.); hier S. 2565.

Ausweitung der Gegenstände und Themen seiner wissenschaftshistorischen Arbeit" charakterisiert wurde:

Die Habilitationsschrift trug den Titel: *Dynamische und statische Betrachtungsweise in der antiken Mechanik und ihre neuzeitliche Umformung durch Galileo Galilei* (1970 als Buch erschienen[4]); in ihr wurde gleichzeitig ein Gebiet der Philologie- und der Naturwissenschaftsgeschichte aufgearbeitet und die Rolle antiken naturwissenschaftlichen Denkens beim Entstehen neuzeitlicher Naturwissenschaft exemplarisch dargelegt (hierin wird Krafft Weg vom Altphilologen zum Wissenschaftshistoriker der Antike und deren Fortleben dokumentiert).

Der Habilitationsvortrag vor der Fakultät handelte über „Otto von Guerickes Rolle in der Entwicklung der kosmischen Physik im 17. Jahrhundert" und war eine Frucht jahrelanger Zusammenarbeit mit Hans Schimank an der großen kommentierten deutschen Guericke-Ausgabe (1969)[5] – auch Leben,

---

4   FRITZ KRAFFT: Dynamische und statische Betrachtungsweise in der antiken Mechanik. (Boethius, Bd 10) Wiesbaden (jetzt Stuttgart): F. Steiner 1970 (196 Seiten).

5   Otto von Guerickes Neue (sogenannte) Magdeburger Versuche über den leeren Raum. Nebst Briefen, Urkunden und anderen Zeugnissen seiner Lebens- und Schaffensgeschichte übersetzt und hrsg. von HANS SCHIMANK, unter Mitarbeit von H. GOSSEN †, G. MAURACH und F. KRAFFT. Düsseldorf: VDI-Verlag 1968 (2°, XXVIII, 306, IV und 395 Seiten); eigenverantwortlich aus Krafft Feder stammen darin die Kommentare zu den Büchern 1, 2 [gemeinsam mit H. Schimank], 5, 6 und 7, die Bibliographien und Verzeichnisse, insgesamt die Seiten 293–306, (231)–(257), (284)–(331) und (336)–(388). – Von der Textausgabe allein entstand auf seinen Wunsch schon damals auch eine wohlfeile Studienausgabe, von der er nach mehreren unveränderten Nachdrucken 1996 eine erweiterte Neuausgabe herausbrachte: Otto von Guerickes Neue (sogenannte) Magdeburger Versuche über den Leeren Raum. Mit einer einleitenden Abhandlung „Otto von Guericke in seiner Zeit" herausgegeben von FRITZ KRAFFT. Düsseldorf: VDI-Verlag (später Berlin usw.: J. Springer) 1996 (CVIII und 306 Seiten). Das Buch hatte ein unglückliches Schicksal, insofern es zu dem Zeitpunkt erschien, als die gesamte Buchproduktion des VDI-Verlags an den Springer-Verlag überging, in dessen Programm das Werk aber gar nicht paßte, so daß er für diese ‚Neuerscheinung' keine Werbung betrieb (was natürlich auch vorher der VDI-Verlag noch nicht getan hatte), sie vielmehr bereits nach wenigen Monaten

Leistungen und Wirkungen Otto von Guerickes blieben bis heute einer der Schwerpunkte seiner Forschungen mit mehreren Buchpublikationen.

Die öffentliche Probevorlesung hatte „Keplers Gesetze im Urteil seiner Zeit" zum Inhalt, ein Thema aus der Astronomie- und Kosmologiegeschichte, zu der ihn der Astronom Bernhard Sticker angeregt und angeleitet hatte und die er später bis an die Gegenwart heranführen sollte. Schon 1967 war ein gemeinsames Buch über *Bau und Bildung des Weltalls* mit Dokumenten aus zwei Jahrtausenden erschienen[6]; und das Kepler-Jahr 1971 hatte ebenso wie das Copernicus-Jahr 1973 seine Schatten vorausgeworfen. Krafft war sowohl in das Deutsche Kepler-Komitee (1969 bis 1973) als auch in das Deutsche Copernicus-Komitee (1971 bis 1973) sowie in die Deutsche Kommission für die Copernicus-Gesamtausgabe (seit 1973) gewählt worden.

Schon die drei genannten Titel machen deutlich, daß es Fritz Krafft nie um punktuelle Erkenntnisse über einzelne Persönlichkeiten, Theorien oder Momentaufnahmen aus der Geschichte einer Wissenschaft ging. Vielmehr fragte er stets auch, wie es zu einer bestimmten Situation innerhalb einer Disziplin oder Wissenschaftler-Biographie gekommen ist, oder (so definiert sich sein Konzept des sogenannten Historischen Erfahrungsraumes): welche soziokulturellen und wissenschaftsinternen ‚Komponenten', die einem Wissenschaftler zu einer Zeit an einem bestimmten Ort grundsätzlich präsent hätten sein *können* (deshalb spricht er präziser von ‚Präsentabilien' statt von ‚Komponenten', ‚Determinanten' oder ähnlichem), für eine Erkenntnis erforderlich waren und sie als Voraussetzungen bedingten. Denn diese begründen einerseits deren Andersartigkeit im Vergleich zur Gegenwart, erklären aber andererseits auch die Möglichkeit, bei Weiterbestehen der Komponenten eine Wirksamkeit bis in die Gegenwart zu entfalten. Krafft nimmt stets die größeren zeitlichen, kulturellen und innerwissenschaftlichen Zusammenhänge als Erklärungs-

---

verramschte; siehe *Berichte zur Wissenschaftsgeschichte* 21 (1998), 208.

6 Bau und Bildung des Weltalls. Kosmologische Vorstellungen in Dokumenten aus zwei Jahrtausenden. Einführung und Auswahl von BERNHARD STICKER, Übersetzungen der Texte in Zusammenarbeit mit FRITZ KRAFFT. Freiburg/Basel/Wien: Herder 1967.

hintergrund ins Blickfeld, ohne die Erkenntnisse der Gegenwart zum Maßstab zu wählen. Dieses Gegenwartswissen gäbe nur die (allerdings sehr wichtige) Kontrollinstanz, die erkennen lasse, was auch in der Vergangenheit hätte gesehen werden können, wenn dieselben Voraussetzungen bestanden hätten. Ein Vergleich der ‚Präsentabilien' lasse erkennen, welche von ihnen für das jeweilige Wissenschaftsbild notwendige Voraussetzung gewesen seien beziehungsweise seien, woraus sich dann die Vielfalt der Abhängigkeiten und die Zeitbedingtheit auch gegenwärtiger Theorien und Wissenschaften ergeben können.

Die Anwendung dieses vorwiegend heuristischen Konzepts schimmert in sämtlichen Arbeiten Kraffts durch, und sie erfordert ein tiefes Eindringen in die allgemeine Wissenschafts-, Geistes-, Sozial- und Kulturgeschichte des behandelten Zeitraums und in die spezielle der behandelten Person.

Krafft erwartet dieses Erfassen der Voraussetzungen und Bedingungen im Umfeld des Themenfeldes einer Dissertation auch von seinen Doktoranden, und das macht das Arbeiten bei ihm so interessant – aber wegen der damit verbundenen hohen Ansprüche auch so schwierig und langwierig. Seit er den von ihm auf drei Semester ausgedehnten Aufbaustudiengang für graduierte Pharmazeuten und Naturwissenschaftler am Marburger Institut im Sommersemester 1988 aufnahm, haben immerhin über sechzig Absolventen sich ihn als Doktorvater gewählt. – Die Betreuung einiger Dissertationen hat er von seinem Vorgänger, dem Gründer des Marburger Instituts Rudolf Schmitz, übernommen und zum Abschluß gebracht; andere Promotionen erfolgten während dieser Zeit aber auch noch an der Johannes Gutenberg-Universität Mainz, von wo aus er 1988 nach Marburg berufen worden war.

Die während der Marburger Zeit unter seiner Betreuung fertiggestellten Dissertationen zeugen von dieser Grundeinstellung und der damit verbundenen Vielfalt der Aspekte. Ihre Themen lauten: „Mathematik im Studienplan der Jesuiten. Die Vorlesung von Otto Cattenius an der Universität Mainz" (A. Krayer, Mainz 1990), „Die pharmazeutische Chemie in Deutschland zur Zeit des Übergangs von der Phlogiston- zur Oxidationstheorie" (P. Laupheimer 1992), „Klassifikation – System – ›scala naturae‹. Das Ordnen der Objekte in Naturwissenschaft und Pharmazie zwischen 1700 und 1850" (A. Diekmann 1992), „Von der Selbsthilfe zur Selbstverwaltung. Entstehungsgeschichte der Apothekerkammer Nordrhein (1945–1953)" (H. Goetzendorff 1992), „Lise Meitner an Otto Hahn: Briefe aus den Jahren 1912 bis 1924" (S. Ernst, Mainz 1992), „Pharmazie und Pharmaziestudium an der Universität Gießen" (C. Billig 1992), „Die ›Canones‹ des Pseudo-Mesuë. Eine mittelalterliche Purgantien-Lehre, Übersetzung und Kommentar" (S. Lieberknecht 1993; die beiden letzten Themen waren noch von R. Schmitz vergeben worden), „Militärpharmazie in Deutschland bis 1945" (B. Müller 1993), „Zum Verhältnis Apotheker/Arzt in Hessen. Bemühungen in Gießen um eine Novellierung der rechtlichen Grundlagen (um 1700)" (U. Mauch 1993), „Wilhelm Troll (1897–1978). Eine Biographie" (G. Nickel, Mainz 1993), „›Deutsche Chemie‹. Der Versuch einer deutschartigen, ganzheitlichen gestalthaft schauenden Naturwissenschaft während der Zeit des Nationalsozialismus" (M. Vonderau 1994), „Die Arzneimittel in der Physikotheologie" (G. Dehmel, 1994), „200 Jahre Pockenimpfstoff in Deutschland" (E.-M. Henig 1997), „Der Kampf gegen die Unfruchtbarkeit. Zeugungstheorien und therapeutische Maßnahmen von den Anfängen bis zur Mitte des 17. Jahrhunderts" (A. Josephs 1997), „Jesuiten in Spanisch-Amerika als Übermittler von heilkundlichem Wissen" (S. Anagnostou 2000), „Militärpharmazie in Deutschland nach 1945: Bundeswehr und Nationale Volksarmee im Vergleich" (C. G. Dirks 2001). Bis auf eine sind alle diese Dissertationen nach gründlicher Bearbeitung als Bücher in angesehenen Verlagen erschienen, die meisten innerhalb der von seinem Vorgänger begründeten und von Fritz Krafft weitergeführten Reihe *Quellen und Studien zur Geschichte der Pharmazie.* – Mehrere dieser Arbeiten wurden mit einem Preis ausgezeichnet: Gutenberg-Preis der Johannes Gutenberg-Universität Mainz (Krayer, Nickel), Bettina Haupt-Gedächtnispreis der Gesellschaft Deutscher Chemiker (Ernst), Dettmering-Preis der Georg-Agricola-Gesellschaft (Josephs).

Die lange Bearbeitungsdauer erklärt sich häufig daraus, daß die Doktoranden wirtschaftlich auf eigenen Füßen stehen und die Arbeiten an der Dissertation neben dem Beruf durchführen müssen. Das bedingt aber auch, daß gelegentlich jemand das Handtuch wirft und sein ehrgeiziges und ja auch kostspieliges Promotionsprojekt aufgibt. Prof. Krafft hat hierfür zwar stets Verständnis gezeigt, aber natürlich auch bedauert, daß daraufhin manch schönes Dissertationsthema längere Zeit blockiert und nicht zur Vergabe frei war. Die Verbindung zum Institut ist daraufhin bisher auch nur selten von jemandem abgebrochen worden. Der Kreis, der sich aus besonderen Anlässen (wie etwa der Abschiedsfeier oder Promotionsfeiern) im Marburger Institut trifft, wird deshalb immer größer. Unter Prof. Krafft herrschte am Institut auch stets ein sehr herzlicher Umgangston; über das Fachliche kam das Menschliche nie zu kurz. Er war stets für seine Doktoranden ansprechbar, stand ihnen mit Rat und Tat zur Seite – und hat dies für fünf weitere Jahre über sein altersbedingtes Ausscheiden hinaus versprochen. Das ist sicherlich als ein Zeichen dafür zu deuten, daß auch er sich unter seinen Doktoranden aus der Apotheke wohl fühlte.

Eine so enge Zusammenarbeit mit *wechselseitigem* Lernprozeß, wie Krafft immer betont hat, wird es nach Hamburg und vor Marburg für ihn nicht gegeben haben. In Mainz, wohin er kurz nach seiner Habilitation 1970 auf eine neu geschaffene Professur für Geschichte der Naturwissenschaften berufen worden war, war er in dieser Hinsicht weitgehend ‚Einzelkämpfer' innerhalb des Fachbereichs Mathematik geblieben, bei dem aber immerhin neben Dissertationen auch einige physikalische Diplom- und Staatsexamensarbeiten geschrieben wurden. (Insbesondere der Fachbereich Physik hatte sich seinerzeit stark für Kraffts Berufung nach Mainz eingesetzt.)

Er hat die dadurch entstandenen Freiräume aber keineswegs nur für das von ihm so geliebte, 1985 zur Entspannung als Wettkampfsport aufgenommene Bahnengolf genutzt (er war immerhin Deutscher Vizemeister der Senioren in Einzel und Mannschaft 1985, Deutscher Mannschaftsmeister 1987 in der Abteilung I, Minigolf), das er in Marburg wegen des Fehlens einer Anlage aufgeben mußte. Er hat sich hier auch nicht nur seinen Forschungen gewidmet, denen sich als weiterer, gewichtiger Schwerpunkt vor allem die Geschichte der Atomistik bis zur Entdeckung der Kernspaltung und diese selbst hinzugesellt hatte, angeregt durch den *genius loci* in Gestalt des Mitentdeckers der Kernspaltung Fritz Straßmann, der 1946 an die neugegründete Gutenberg-

Universität Mainz berufen worden war (Monographie: *Im Schatten der Sensation*, 1981[7]). Krafcts Publikationsverzeichnis umfaßte zum Zeitpunkt seiner Übersiedlung nach Marburg bereits über 240 Nummern (heute sind es über 400)[8].

Auch auf die akademische Selbstverwaltung hat er sich in der Mainzer Zeit nicht konzentriert, die galt ihm vielmehr stets als Teil seiner akademischen Pflichten; und er gehörte jeweils dem höchsten Universitäts-Gremium an – als Student dem Studentenparlament der Universität Hamburg, in dem er 1956/57 Sprecher der Philosophischen Fakultät war, und dem ASTA (1957), in Mainz der Versammlung und in Marburg dem Konvent und einem seiner wichtigsten ständigen Ausschüsse, nämlich dem für Haushaltsangelegenheiten und Entwicklungsplanung der Universität (StA III), in dem er auch die Interessen der Marburger Pharmazie angemessen vertrat (1993/94 war er zudem Dekan sowie 1994/95 Prodekan des Fachbereichs Pharmazie und Lebensmittelchemie). Fritz Krafft entfaltete darüber hinaus vielmehr eine intensive Tätigkeit für sein Fach auf nationaler und internationaler Ebene: 1971 wurde er in die 1987 aufgelöste DFG-Senatskommission für Humanismusforschung gewählt (hier arbeitete er zusammen mit dem Marburger Romanisten August Buck und mit Rudolf Schmitz), 1973 in die Deutsche Copernicus-Kommission. Seit 1974 gehört er dem Vorstand der Gesellschaft für Wissenschaftsgeschichte an; während zweier Amtsperioden war er 1977 bis 1983 deren Präsident und begründete 1978 als Organ dieser Gesellschaft die wissenschaftliche Zeitschrift *Berichte zur Wissenschaftsgeschichte*, die er seitdem auch herausgibt und die dank seiner redaktionellen und wissenschaftlichen Betreuung rasch zu dem zusammen mit dem altehrwürdigen

---

7   Im Schatten der Sensation. Leben und Wirken von Fritz Straßmann, nach Dokumenten und Aufzeichnungen dargestellt von FRITZ KRAFFT. Weinheim: Verlag Chemie 1981 (557 Seiten).

8   Wobei Krafft in seinem hierzu zugrundegelegten Verzeichnis häufig, etwa bei Artikeln zu einem Sammelband oder Handbuch, mehrere Beiträge zu einer Nummer zusammenfaßt. Den Stand von Anfang 2002 dokumentiert sein unten abgedrucktes Schriftenverzeichnis; eine stets aktualisierte Zusammenstellung befindet sich auf seiner Homepage (>http://staff-www.uni-marburg.de/~krafft<).

Sudhoffs Archiv (für das er übrigens seit 1969 Mitherausgeber ist) angesehensten deutschen Fachzeitschrift mit hohem internationalen Ansehen geworden ist, wie auch in mehreren der Grußworte während der Abschiedsfeier betont wurde, vor allem von dem gegenwärtigen Präsidenten der Gesellschaft Rüdiger vom Bruch und von Richard Toellner als einem ihrer ehemaligen Präsidenten. 1976 wurde Krafft als Stellvertretender Vorsitzender in den Wissenschaftlichen Beirat der Georg-Agricola-Gesellschaft zur Förderung der Geschichte der Naturwissenschaften und der Technik, dem er bis Ende 2000 angehörte, gewählt und war 1996 bis 1999 dessen Vorsitzender – der Präsident der Agricola-Gesellschaft, Senator Herbert Gassert, würdigte in seinem Grußwort besonders diese Tätigkeit. Erstmals 1977 wurde Krafft zum Mitglied des Nationalkomitees der Bundesrepublik Deutschland in der ‚International Union of the History and Philosophy of Science, Division of History of Science' gewählt, dem er bis 1993 angehörte, sodann nochmals 1998 bis 2001; 1981 bis 1989 war er während zweier Amtsperioden Präsident dieses Nationalkomitees und bereitete den 1989 in Hamburg und München veranstalteten, gemeinsam mit Christoph Scriba (Hamburg), seinem Vorgänger und langjährigen älteren Weggefährten aus Hamburger Zeit, geleiteten Internationalen Kongreß für Wissenschaftsgeschichte vor, für den er auch Präsident des Programmkomitees war.

Besondere Schwierigkeiten bereitete ihm dabei einerseits der Ehrgeiz, den in vierjährigem Rhythmus stattfindenden Internationalen Kongreß erstmals unter ein Generalthema, „Science and Political Order / Wissenschaft und Staat", zu stellen – wodurch auch weltweit neue Forschungsprojekte angeregt wurden und bis heute werden –, andererseits aber auch der Umstand, daß er in der Schlußphase der Vorbereitungen und während der Durchführung bereits in Marburg mit völlig neuen und zeitaufwendigen Aufgaben der Administration und Lehre betraut und ohne Mitarbeiterstab gewesen war.[9]

---

9 FRITZ KRAFFT / CHRISTOPH J. SCRIBA (Hrsgg.): XVIIIth International Congress of History of Science. General Theme: Science and Political Order / Wissenschaft und Staat. 1st–9th August 1989, Hamburg–Munich. Abstracts. Hamburg 1989; XVIIIth International Congress of History of

Im Rahmen des neuen Fachgebietes Pharmazie kamen weitere Verpflichtungen hinzu: Seit 1988 gehörte er dem Beirat des Vorstandes des Verbandes der Hochschullehrer an Pharmazeutischen Instituten an, wobei gerade seine einmal nicht von Fachinteressen geprägten Argumente im Zusammenhang mit der notwendigen Umverteilung der Unterrichts- (und damit Stellen-)Anteile im Zuge der eine neue Approbationsordnung für Apotheker vorbereitenden Diskussionen als wohltuend und ausgleichend empfunden wurden, so daß er vom Verband in die Expertenkommission des Bundesgesundheitsministeriums für die Erstellung einer neuen Approbationsordnung gewählt wurde. Seit 1989 ist er Stellvertretender Vorsitzender der ‚Fachgruppe Geschichte der Naturwissenschaften und der Pharmazie' der Deutschen Pharmazeutischen Gesellschaft, 1989 bis 1995 war er Mitglied des Wissenschaftlichen Beirats der dann aufgelösten Akademie für pharmazeutische Fortbildung der Landesapothekerkammer Hessen. Darüber hinaus wurde er neben der üblichen Gutachtertätigkeit 1994 bis 2000 als einer der beiden Wissenschaftler in den Unterausschuß für Nachlaßerschließung des Bibliotheksausschusses der DFG berufen, sodann bis 2002 in den neu eingerichteten Unterausschuß für Erschließung.

Weiterhin gehörte er seit seiner Gründung 1995 dem Projektausschuß ‚Verstehen und Bewahren' der Vereinigten Evangelisch-Lutherischen Kirche Deutschlands an, dessen Arbeit im Laufe des Jahres 2002 mit dem Erscheinen einer Denkschrift abgeschlossen wird. – Hierin kommt ein weiterer seiner Forschungsschwerpunkte zum Tragen, den er dann auch in die Pharmazie hinüberführte[10], nämlich das wechselseitige Ver-

---

Science, Hamburg–Munich, 1st–9th August 1989. Final Report, edited by FRITZ KRAFFT and CHRISTOPH J. SCRIBA. (Sudhoffs Archiv, Beiheft 30) Stuttgart: F. Steiner 1993. – Siehe auch FRITZ KRAFFT: Von Freud und Leid beim Gestalten des Wissenschaftlichen Programms eines Weltkongresses (XVIIIth International Congress of History of Science, Hamburg–München, 1.–9. August 1989). *Berichte zur Wissenschaftsgeschichte* 16 (1993), 183–193.

10 FRITZ KRAFFT: „Pharmako-Theologie". *Die Pharmazie* 51 (1996), 422– 426, basierend auf einem Vortrag auf dem XXXII Congressus Internationalis Historiae Pharmaciae, 25.–29. September 1995 in Paris, nach-

hältnis von (christlicher) Religion und Theologie einerseits und den Naturwissenschaften andererseits.

Sein jüngster Forschungsschwerpunkt entstammt diesem Umfeld und betrifft das weit verbreitete und vorwiegend der Volkskunst zuzuordnende Sinnbildmotiv „Christus als Apotheker" beziehungsweise „Christus in der Himmelsapotheke"[11]. Durch die Einbeziehung religions- und wissenschaftsgeschichtlicher Aspekte sowie des umfassenden ‚Historischen Erfahrungsraums' seines Entstehens und seiner Wandlungen erscheint dieses von der Pharmaziegeschichte seit mehr als hundert Jahren (vor allem durch Fritz Ferchl und Wolfgang-Hagen Hein) mit ikonographischen und apothekengeschichtlichen Fragestellungen untersuchte Bildmotiv in neuartigem Lichte. Unter ikonologischen Gesichtspunkten und mit Berücksichtigung der auf den Bildern zitierten Bibeltexte werden so auch verläßliche Antworten auf bisher vernachlässigte Fragen ermöglicht, etwa nach dem Entstehen und der Herkunft, nach der ursprünglichen Bildaussage und deren Anpassung an sich nicht nur mit den Konfessionen wandelnde Frömmigkeitsvorstellungen sowie nach dem wissenschaftlichen und dem soziokulturellen Umfeld, das sich in den unterschiedlichen Gestaltungen des Bildmotivs aus-

---

gedruckt in MANFRED BÜTTNER / FRANK RICHTER (Hrsgg.): Forschungen zur Physikotheologie im Aufbruch, III. Naturwissenschaft, Theologie und Musik um 1600. (Physikotheologie im historischen Kontext, Bd 4) Münster: LIT Verlag 1997, S. 127–138; „Die Arznei kommt vom Herrn, und der Apotheker bereitet sie" – Biblische Rechtfertigung der Apothekerkunst im Protestantismus: Apotheken-Auslucht in Lemgo und Pharmako-Theologie. (Quellen und Studien zur Geschichte der Pharmazie, Bd 76) Stuttgart: Wissenschaftliche Verlagsgesellschaft in Komm. 1999.

11 FRITZ KRAFFT: Christus als Apotheker. Ursprung, Aussage und Geschichte eines christlichen Sinnbildes. (Schriften der Universitätsbibliothek Marburg, Bd 104) Marburg: Universitätsbibliothek 2001. Siehe auch schon: Eine ‚neue' Christus-als-Apotheker-Darstellung von Michael Herr. Überlegungen zur Herkunft des Bild-Motivs. *Geschichte der Pharmazie – DAZ-Beilage* 52 (2000), Nr. 1/2, 2–15, hierüber hatte er bereits auf dem 34° Congressus Internationalis Historiae Pharmaciae, 20.–23. Oktober 1999 in Florenz, vorgetragen.

drückt¹². Und es stellte sich dabei heraus, daß es sich gar nicht so sehr um ein pharmaziegeschichtliches Bildmotiv handelt, sondern um ein religionsgeschichtlich relevantes, das zwar interkonfessionell ist, aber nach seinen konfessionell geprägten Bild- und Text-Aussagen in fast allen Fällen eindeutig protestantischer oder römisch-katholischer Provenienz zugewiesen werden kann. Nur die vordergründige Bildebene ist die eines Apothekers und einer Apotheke (meist nur in Form von Inventarstücken); und insofern sind die Bildinhalte natürlich auch pharmaziegeschichtlich relevant als zeitgenössische Zeugnisse für deren Geschichte (immerhin ab dem frühen 17. Jahrhundert).

Es sind vor allem einige wichtige der genannten Tätigkeiten gewesen, deren auf der akademischen Abschiedsfeier am 15. Juli 2000 in Grußworten gedacht wurde. Sein Marburger Kollege Peter Dilg hatte in strenger Auswahl dafür gesorgt, daß dadurch, wie Fritz Krafft abschließend feststellte, „Mosaiksteinchen zu dem Außenbild zusammengetragen wurden, das die Vortragenden jeweils aus dem gemeinsamen Tätigkeitsfeld heraus gewonnen hatten", ohne daß es zu Wiederholungen gekommen wäre. Die internationale Außenwirkung für die deutsche Wissenschaftsgeschichte im Rahmen des Nationalkomitees blieb allerdings über die Organisation des Weltkongresses hinaus unerwähnt.¹³

---

12 Siehe etwa die Rezension des Marburger Ethnologen Martin Scharfe in *Berichte zur Wissenschaftsgeschichte* 24 (2001), 297 f.

13 Fritz Krafft fand immerhin sehr früh Aufnahme nicht nur in die deutschen biographischen Handbücher (*Kürschners Deutscher Gelehrten Kalender* ab 12.1976; *Wer ist Wer – Das deutsche Who's Who* ab 19.1977; *Who is Who in Westdeutschland* [seit 2: *in der Bundesrepublik*] ab 1.1988), sondern auch in die europäischen (*Who's Who in Western Europe* ab 1.1980; *Who's Who in Europe* ab 5.1979, seit 7.1987 als *European Biographical Dictionary / Dictionnaire Biographique Europeen*; *Europäisches Biographisches Wörterbuch* ab 11.1997), und in die weltweit internationalen (*Men of Achievement* ab 4.1977–10. 1983; *Dictionary of International Biography* ab 15.1978; *International Who's Who in Education* ab 1.1979; *5000 Personalities of the World* [American Biographical Institute 1983]; *Who's Who in the World* ab 6.1983, zuletzt 19.2002; *The International Who's Who of Contemporary Achievement* 1984/85; *The International Directory of Distinguished Leadership* 1.1985;

Vor den Vertretern der Wissenschaft und Lehre sprachen die Repräsentanten der drei ‚Hausherren' des Instituts, der Präsident der Philipps-Universität Prof. Werner Schaal als übergeordneter oberster Hausherr, die Dekanin Prof. Susanne Klumpp als nachgeordnete Hausherrin und Johannes Pieck, der als Vorstandsmitglied der ‚Bundesvereinigung deutscher Apothekerverbände ABDA' sozusagen den den beiden anderen zeitlich *vor*geordneten Hausherrn vertrat; denn das Institut für Geschichte der Pharmazie basierte ursprünglich über mehrere Jahre auf einer von der ABDA im Namen der deutschen Apothekerschaft für Rudolf Schmitz, den Gründer des Instituts, gestifteten Professur[14].

Präsident Werner Schaal überreichte zugleich in einem der letzten Akte seiner ebenfalls auslaufenden Amtszeit die Entlassungsurkunde; er würdigte in seinem Grußwort Kraffts Einsatz in den übergeordneten Universitätsgremien, den er als langjähriges Mitglied des Leitungsgremiums (ab 1989 als Vizepräsident, ab 1993 als Präsident) wohl zu beurteilen wisse, und sprach ihm den Dank der Universität dafür aus.

Es ist sicherlich nicht abwegig, anzunehmen, daß seine Bereitschaft, sich so nachhaltig für den Erhalt der Professur für Geschichte der Naturwissenschaften und der Pharmazie einzusetzen, während er sich gleichzeitig gegen die Fortführung anderer kleiner Fächer an der Philipps-Universität aussprechen mußte, zumindest mit beeinflußt wurde durch Kraffts nachdrücklichen, selbstlosen Einsatz für die Belange der Universität und der Pharmazie außerhalb des Fachbereichs Pharmazie und seines Instituts. „Dann hat sich dies auch noch für das Fach Pharmaziegeschichte gelohnt ...", meinte er denn auch selbst dazu. Er sieht ange-

---

The International Book of Honors; *2000 Outstanding Scholars of the 20th Century* [International Biographical Centre, Cambridge/Engl. 2000]; *1000 World Leaders of Scientific Influence* [American Biographical Institute 2001; Special Commemorative Edition 2002]; *500 Leaders of Science* [American Biographical Institute 2002], *Who's Who in Science and Enginieering* 6.2002).

14 Siehe hierzu: Institut für Geschichte der Pharmazie der Philipps-Universität Marburg/Lahn 1965–1995. Ein Bericht. Zweite, durchgesehene und erweiterte sowie bis 1995 ergänzte Auflage, bearbeitet von FRITZ KRAFFT und ULRICH STOLL. Marburg: Institut für Geschichte der Pharmazie 1995.

sichts des gegenwärtigen ‚Sterbens' zahlreicher naturwissenschafts- und medizinhistorischer Professuren und Institutionen sicherlich mit Recht in der Weiterführung des Instituts und seiner Professur einen seiner großen Erfolge – und es ging nach der Verkündung dieses Erfolges ein erleichtertes Aufatmen durch die große Schar seiner Doktoranden.

Auch heute – fast zwei Jahre nach seiner Verabschiedung – steht Professor Krafft seinen Doktoranden noch mit Rat und Tat zur Seite – in persönlichen Einzelgesprächen, auf den weiterhin jährlich stattfindenden Doktorandentreffen und durch seine rege Unterstützung und Förderung des ‚Doktorandenforums Pharmaziegeschichte (DFPG)'.

Noch ein anderes Betätigungsfeld bindet ihn weiterhin an das Institut in Marburg: Seit Oktober 2000 ist er der Vorsitzende des von ihm gleich nach seiner Berufung gegründeten ‚Vereins zur Förderung des Instituts für Geschichte der Pharmazie' und dient auch in dieser Funktion unermüdlich dem Wohle des Institutes.[15]

Professor Fritz Krafft spielt somit auch heute im Leben der Promovierenden der Pharmaziegeschichte, ob es sich um seine eigenen Doktoranden oder die anderer Professoren handelt, eine entscheidende Rolle, und deshalb sei ihm abschließend auch im Namen aller von ganzem Herzen gedankt für sein Engagement gestern, heute und morgen.

---

15 Erwähnung verdient weiterhin, daß ihm auf der Pharmaziehistorischen Biennale am 26. April 2002 in Karlsruhe als „Pharmaziehistoriker von überragender Bedeutung" und für seine Verdienste um die Förderung der Pharmaziegeschichte die Johannes-Valentin-Medaille (Silber) der Deutschen Gesellschaft für Geschichte der Pharmazie verliehen wurde.

Verzeichnis der Veröffentlichungen
von Fritz Krafft

A. Bücher, Aufsätze und Handbuchartikel

1958:

Die neuen Funde zur Hekale des Kallimachos. *Hermes* 86 (1958), 471–480.

1963:

Vergleichende Untersuchungen zu Homer und Hesiod. (Hypomnemata. Untersuchungen zur Antike und ihrem Nachleben, Heft 6) Göttingen: Vandenhoeck & Ruprecht 1963. 200 Seiten (zugleich Univ. Hamburg, Diss. phil. 1962).
>[Rezensionen: E. Janssens, in: *L'Antiquité Classique* 33 (1964), 455 f.; W. W. Minton, in: *The Classical World* 58 (1964); W. Nicolai, in: *Gnomon* 36 (1964), 544–549; A. Lesky, in: *Anzeiger für die Altertumswissenschaft* 18 (1965), H. 1 / 2; Baumgarten, in: *Mitteilungen des Deutschen Altphilologen-Verbandes* 16 (1966), Nr. 3; W. J. Verdenius, in: *Mnemosyne* Sér. IV, 21 (1968), 82 f.; A. Heubeck, in: *Gymnasium* 76 (1969), 80 f.]

Hesiod und die ionische Naturauffassung. *Nachrichtenblatt der Deutschen Gesellschaft für Geschichte der Medizin, Naturwissenschaft und Technik* 20 (1963), 18 f.

1964:

Der Mathematikos und der Physikos. Untersuchungen zu der angeblichen Platonischen Aufgabe, die Phänomene zu retten. *Nachrichtenblatt der Deutschen Gesellschaft für Geschichte der Medizin, Naturwissenschaft und Technik* 24 (1964), 23.

Probleme der astronomischen Historiographie. Internationales Symposium zur Geschichte der Astronomie und Ausstellung DOCUMENTA ASTRONOMICA. *Nachrichtenblatt der Deutschen Gesellschaft für Geschichte der Medizin, Naturwissenschaft und Technik* 24 (1964), 35–37.

1965:

Internationales Symposium zur Geschichte der Astronomie und Ausstellung DOCUMENTA ASTRONOMICA in Hamburg (Ein Bericht). *Naturwissenschaftliche Rundschau* 18 (1965), 76.

Der Mathematikos und der Physikos. Bemerkungen zu der angeblichen Platonischen Aufgabe, die Phänomene zu retten. In: Alte Probleme – Neue Ansätze. Drei Vorträge von F. Krafft, K. Goldammer und A. Wettley, Würzburg 1964. (Beiträge zur Geschichte der Wissenschaft und Technik, Heft 5) Wiesbaden: F. Steiner 1965, S. 5–24.

Artikel in: Lexikon der Alten Welt. Hrsg. von C. Andresen / H. Erbse / O. Gigon / K. Schefold / K. F. Stroheker / E. Zinn. Zürich/Stuttgart: Artemis 1965:

Analemma (Sp. 150), Äolipile (153 f.), Arachne (238), Aräometer (238), Archimedisches Prinzip (248), Athenaios der Mechaniker (382), Automaten (418 f.), Biton (478), Chemie (674–677), Heron von Alexandria (1283 f.), Horologion (1334), Klepshydra (1551), Ktesibios von Alexandria (1632 f.), Mechanik (1874 bis 1884), Mineralogie und Geologie (1963 bis 1966), Naturwissenschaft (2059 bis 2066), Philon von Byzanz (2303 f.), Skaphe (2810), Stein der Weisen (2908), Uhren (3158–3162), Wegemesser (3261), Zosimos von Panopolis (3346).

Die Bedeutung des σώζειν τὰ φαινόμενα (Rettung der Phänomene) in Antike und beginnender Neuzeit. *Deutsches Museum. Abhandlungen und Berichte* 33 (1965), Heft 1, 42–44.

Der Begriff MHXANH und die Anfänge der Mechanik im 4. vorchristlichen Jahrhundert. *Nachrichtenblatt der Deutschen Gesellschaft für Geschichte der Medizin, Naturwissenschaft und Technik* 26 (1965), 28 f.

1966:

Bemerkungen zur Mechanischen Technik und ihrer Darstellung in der Klassischen Antike. *Technikgeschichte* 33 (1966), 121–159.

Mechanische Technik im Altertum. Kritische Bemerkungen zu einem technikhistorischen Werk. *VDI-Nachrichten* 20 (1966), 28, S. 10.

275 Jahre Mathematische Gesellschaft in Hamburg. *Nachrichtenblatt der Deutschen Gesellschaft für Geschichte der Medizin, Naturwissenschaft und Technik* 27 (1966), 28–30.

Die Inventarisierung naturwissenschaftlicher Instrumente. Zugleich ein Gruß zu Paul A. Kirchvogels 60. Geburtstag. *Nachrichtenblatt der Deutschen Gesellschaft für Geschichte der Medizin, Naturwissenschaft und Technik* 27 (1966), 32–36.

Das kosmologische Weltbild Otto von Guerickes. *Nachrichtenblatt der Deutschen Gesellschaft für Geschichte der Medizin, Naturwissenschaft und Technik* 28 (1966), 18.

1967:

Die Anfänge einer theoretischen Mechanik und die Wandlung ihrer Stellung zur Wissenschaft von der Natur. In: Beiträge zur Methodik der Wissenschaftsgeschichte. Hrsg. von W. Baron. (Beiträge zur Geschichte der Wissenschaft und der Technik, Heft 9) Wiesbaden: F. Steiner 1967, S. 12–33.

(Zusammen mit Bernhard Sticker:) Bau und Bildung des Weltalls. Kosmologische Vorstellungen in Dokumenten aus zwei Jahrtausenden. Einführung und Auswahl von B. Sticker, Übersetzungen der Texte in Zusammenarbeit mit F. Krafft. Freiburg/Basel/Wien: Herder 1967. 272 Seiten.
[Rezensionen: W. Petri, in: *Naturwissenschaftliche Rundschau* 21 (1968), Heft 5; H. Wolters, in: *Saarländisches Ärzteblatt* Nr. 12/1967, 650; E. G. Forbes, in: *The British Journal for the History of Science* 4 (1969), 407 f.]

1968:

Die Wandlung des Begriffs Mechanik. In: Antiquitas Graeco-Romana ac tempora nostra. Acta congressus internationalis habiti Brunae diebus 12–16 mensis Aprilis MCMLXVI. Prag 1968, S. 531–542.

Otto von Guerickes Neue (sogenannte) Magdeburger Versuche über den leeren Raum. Nebst Briefen, Urkunden und anderen Zeugnissen seiner Lebens- und Schaffensgeschichte übersetzt und herausgegeben von Hans Schimank, unter Mitarbeit von Hans Gossen †, Gregor Maurach und Fritz Krafft. Düsseldorf: VDI-Verlag 1968. 2°, XXVIII und 306, IV und 395 Seiten.
[Eigene selbständige Beiträge: Kommentare zu den Büchern 1, 2 (gemeinsam mit H. Schimank), 5, 6 und 7, Bibliographien und Verzeichnisse; SS. 293–306, (231) bis (257), (284)–(331) und (336)–(388).]
[Rezensionen: H. A. M. Snelders, in: *Chemie en Techniek* 21 (1968); M. Habacher, in: *Blätter für Technikgeschichte* 30 (1970); C. J. Scriba, in: *Sudhoffs Archiv* 54 (1970), 218 f.; B. Sticker, in: *Technikgeschichte* 37 (1970), 280 bis 284; R. P. Multhauff, in: *Isis* 62 (1971), 394–397.]

Otto von Guerickes Neue (sogenannte) Magdeburger Versuche über den leeren Raum. Übersetzt und herausgegeben von Hans Schimank, unter Mitarbeit von Hans Gossen †, Gregor Maurach und Fritz Krafft [Studienausgabe]. Düsseldorf: VDI-Verlag 1968. XXVIII und 291 Seiten.

Keplers Somnium (Traum oder nachgelassenes Werk über die Mondastronomie). Zur Einführung in die kürzlich erschienene kommentierte Übersetzung von E. Rosen. *Der mathematische und naturwissenschaftliche Unterricht* 21 (1968), 303 f.

The ‚Mechanika' of Archimedes. In: XIIe Congrès International d'Histoire des Sciences. Paris 25–31 Août 1968. Résumés des Communications. Paris 1968, S. 123.

Keplers Gesetze im Urteil des 17. Jahrhunderts. *Nachrichtenblatt der Deutschen Gesellschaft für Geschichte der Medizin, Naturwissenschaft und Technik* 18 (1968), 58 f.

1969:

ΧΕΡΝΙΚΑ ΠΡΟΒΛΗΜΑΤΑ. Vermutungen zum Titel einer Schrift Demokrits. In: Wissenschaft, Wirtschaft und Technik. Studien zur Geschichte, Wilhelm

Treue zum 60. Geburtstag. Hrsg. von K.-H. Manegold. München 1969, S. 448–453.

Zu den Wurzeln der Naturwissenschaften. Die Begründung der Wissenschaft von der Natur durch die Griechen. *VDI-Nachrichten* 23 (1969), Nr. 18, 25/27.

Phosphor. Von der Lichtmaterie zum chemischen Element. *Angewandte Chemie* 81 (1969), 634–645.

Phosphorus. From Elemental Light to Chemical Element. *Angewandte Chemie. International Edition in English* 8 (1969), 660–671.

Der Driburger Kreis. In: Buch und Wissenschaft. Beispiele aus der Geschichte der Medizin, Naturwissenschaft und Technik. Im Auftrage des Driburger Kreises hrsg. von Eberhard Schmauderer. (Technikgeschichte in Einzeldarstellungen, Nr. 17) Düsseldorf: VDI-Verlag 1969, S. 4–9.

Experimenta Nova. Untersuchungen zur Geschichte eines wissenschaftlichen Buches. I: Das Manuskript der ‚Experimenta nova (ut vocantur) Magdeburgica' Otto von Guerickes in den Jahren 1663 bis 1672. In: Ebenda S. 103–130.

Sphaera activitatis – orbis virtutis. Das Entstehen der Vorstellung von Zentralkräften. *Nachrichtenblatt der Deutschen Gesellschaft für Geschichte der Medizin, Naturwissenschaft und Technik* 19 (1969), 93.

1970:

Dynamische und statische Betrachtungsweise in der antiken Mechanik. (Boethius, Bd 10) Wiesbaden: F. Steiner 1970. XVI und 180 Seiten [zugleich Habil.-Schrift Hamburg 1968].
[Rezensionen: E. Stamatis, in: *Deltion* 22, Nr. 361 (Athen 1971), 21 f.; W. Burkert, in: *Erasmus* 23 (1971), 867–878; J. E. Hofmann, in: *Gnomon* 44 (1972), 394–396; T. Schioeler, in: *Technology and Culture* 13 (1972), 630 bis 632; C. Kren, in: *Isis* 63 (1972), 270 f.; A. G. Drachmann, in: *Centaurus* 17 (1973), 330–335; U. Klein, in: *Gymnasium* 81 (1974), 162 f.]

Artikel in: Große Naturwissenschaftler. Biographisches Lexikon, herausgegeben von Fritz Krafft und Adolf Meyer-Abich. (Fischer Handbücher 6010) Frankfurt am Main: Fischer Bücherei 1970:
G. Agricola, Airy, Albert der Große, Anaxagoras, Anaximandros, Anaximenes, P. Apian / Ph. Apian, Apollonios von Perge, Aratos, Archimedes, Archytas, Argelander, Aristarchos von Samos, Aristoteles, Auwers, Averroës, Avicenna, al-Battani, J. Bayer, Bessel, al-Biruni, al-Bitrudschi, H. Bock / O. Brunfels, Borelli, Bradley, Brahe, G. D. Cassini, Celsius, Cesalpino, Chandler, Clairault, Demokritos, Dioskurides, Doppler, Eddington, Empedokles, Encke, Epikuros, Eratosthenes, Eudoxos, Euklid, Flamsteed, Fuchs, Gesner, W. Gilbert, Grosseteste, von Guericke, Gutenberg, Ibn al-Haitham, Hale, Halley, Hekataios, Heron von Alexandria, W. Herschel / J. Herschel, Hertzsprung, Hevelius, Hipparchos, Hubble, Huggins, al-Idrisi, Jeans, Jordanus Saxo / Nemorarius, Kant, Kapteyn, Kepler, Kircher, Kopernikus, Lockyer, J. T. Mayer, Mayr, Milne, Olbers, Nicole Oresme, Ørsted,

Parmenides, Peurbach, Piazzi, Pickering, Platon, Plinius, Poseidonios, Ptolemaios, Pythagoras, Riccioli, Romer, Johannes de Sacrobosco, Scheiner, Schiaparelli, Schwarzschild, Secchi, von Seeliger, Sennert, Shapley, Snellius, Stensen, Strabon, W. Struve/O. Struve, Thabit Ibn Qurra, Thales von Milet, Theophrastos, Varenius, Vesalius, H. C. Vogel, Wilhelm IV. von Hessen-Kassel, Wilhelm von Ockham, M. Wolf; Zeittabelle, Bibliographie (47 Seiten).

[Rezensionen: D. Eschenbach, in: *Frankfurter Allgemeine Zeitung* vom 6. XI. 1970; ing, in: *Stuttgarter Zeitung* vom 18. XII. 1970; E. Brüche, in: *Physikalische Blätter* 27 (1971), 334; G. Ronge, in: *Technikgeschichte* 39 (1972), 69 f.; E. Attlmayr, in: *Beiträge zur Technikgeschichte Tirols* 5 (1973), 87.]

Die Stellung der Technik zur Naturwissenschaft in Antike und Neuzeit. *Technikgeschichte* 37 (1970), 189–209.

Sphaera activitatis – orbis virtutis. Das Entstehen der Vorstellung von Zentralkräften. *Sudhoffs Archiv* 54 (1970), 113–140.

Die Theorie des 'horror vacui' wurde widerlegt. Otto von Guericke: Staatsmann, Philosoph und Ingenieur des 17. Jahrhunderts. *VDI-Nachrichten* 24 (1970), Nr. 49, 25 f.

Das Entstehen der Vorstellung von Zentralkräften. *Mitteilungen der Gesellschaft für Wissenschaftsgeschichte* 8 (Dezember 1970), 12–16.

1971:

Art (biologisch, Antike). In: Historisches Wörterbuch der Philosophie. Unter Mitwirkung von mehr als 700 Fachgelehrten [...] hrsg. von Joachim Ritter. Bd 1, Basel/Stuttgart 1971, Sp. 526 f.

Zu den ΜΗΧΑΝΙΚΑ des Archimedes. In: Actes du XIIe Congrès International d'Histoire des Sciences (Paris, 25–31 Août 1968). Bd 4, Paris: A. Blanchard 1971, S. 97–101.

Die Begründung einer Wissenschaft von der Natur durch die Griechen. (Geschichte der Naturwissenschaft, I / rombach hochschul paperback, Bd 23) Freiburg i. Br.: Rombach 1971. 370 Seiten.

[Rezensionen: A. Häußling, in: *Wissenschaftlicher Literaturanzeiger* 10 (1971), 223; H. Naumann, in: *Frankfurter Allgemeine Zeitung* vom 29. II. 1972; B. Sticker, in: *Die Welt* vom 9. III. 1972; E. Töpfer, in: *Der mathematische und naturwissenschaftliche Unterricht* 25 (1972), 254; P. Ruben, in: *Referateblatt Philosophie*, Reihe B, 8 (1972), Ag.228/72/22–22a; O. Staininger, in: *Die Zukunft* (Wien) vom Juni 1972; H. Degen, in: *Naturwissenschaftliche Rundschau* 25 (1972); G. Eder, in: *Wort und Wahrheit* 27 (1972), 313 f.; G. Hennemann, in: *Philosophischer Literaturanzeiger* 25 (1972); A. Una, in: *Ciudad de Dios* (Madrid 1972), Heft 3; M. Folkerts, in: *Technikgeschichte* 40 (1973), 169 f.; F. Jürß, in: *Deutsche Literaturzeitung* 94 (1973), 3–5; Müller, in: *Praxis der Naturwissenschaften* Nr. 9/1973; G. A. Seeck, in: *Historische Zeitschrift* (1974), 623 f.; E. Attlmayr, in: *Beiträge zur Technikgeschichte Tirols* 6 (1975), 68 f.; B. L. van der Waerden, in: *Gnomon* 47 (1975), 202 f.; D. R. Dicks, in: *Centaurus* 20 (1976), 163–165; P. Sörbom, in: *Lychnos* 1975/76 (1977)]

Otto von Guericke. In: A. Hermann u. a.: Geschichte der Physik A bis K. (Lexikon der Schulphysik, Bd 6) Köln: Aulis 1971 (^{3}1987), S. 133–137.

Anaximandros und Hesiodos. Die Ursprünge rationaler griechischer Naturbetrachtung. *Sudhoffs Archiv* 55 (1971), 152–179.

Die Stellung der Technik zur Naturwissenschaft in Antike und Neuzeit. *Humanismus und Technik* 15 (1971), 33–50.

Anaximandros. In: Die Großen der Weltgeschichte. Hrsg. von K. Faßmann, unter Mitwirkung von M. Bill, H. von Ditfurth, H. Helbling, W. Jens, R. Jungk, E. Kogon. Bd 1, Zürich: Kindler Verlag 1971, S. 284–305; Lizenzausgabe u.d.T.: Die Großen. Leben und Leistung der 600 bedeutendsten Persönlichkeiten unserer Welt. Bd 1, Teil 1, Lachen am Zürichsee [später Stuttgart usw.]: Coron-Verlag 1977, (Rev. ed.) 1989, 1991 und 1995, S. 284–305.

Anaxagoras und Empedokles. In: Ebenda, S. 466–483.

Archimedes. In: Ebenda, S. 726–743; Lizenzausgabe Bd 1, Teil 2, S. 726–743.

Sinnenwelt, reale Welt, absolute Welt. Die historischen Grundlagen für das Weltbild Max Plancks. In: Max Planck: Sinn und Grenzen der exakten Wissenschaft. Mit einem Nachwort herausgegeben von Fritz Krafft. (Naturwissenschaftliche Texte bei Kindler) München: Kindler Verlag 1971, S. 29–70.

Die Keplersche Wende. Erläuterungen. In: Johannes Kepler: Tertius interveniens (Warnung an die Gegner der Astrologie). Mit Einführung, Erläuterungen und Glossar herausgegeben von Fritz Krafft. (Naturwissenschaftliche Texte bei Kindler) München: Kindler Verlag 1971, S. 5–14 und 161–184.

Analogie – Theodizee – Aktualismus. Wissenschaftshistorische Einführung in Kants Kosmogonie. In: Immanuel Kant: Allgemeine Naturgeschichte und Theorie des Himmels. Mit einem wissenschaftshistorischen Nachwort herausgegeben von Fritz Krafft. (Naturwissenschaftliche Texte bei Kindler) München: Kindler Verlag 1971, S. 179–211.

    [Rezensionen: M. Kleinschneider, in: *Kant-Studien* (1972), Heft 2; R. Malter, in: *Tijdschrift voor filosofie* 35 (1973), 400.]

Von der mathematischen zur physikalischen Harmonie. In: Hermann von Helmholtz: Über die physiologischen Ursachen der musikalischen Harmonien. Mit einem wissenschaftshistorischen Nachwort herausgegeben von Fritz Krafft. (Naturwissenschaftliche Texte bei Kindler) München: Kindler Verlag 1971, S. 56–63.

Die Keplersche Wende zur Naturwissenschaft der Neuzeit. Zum vierhundertsten Geburtstag Johannes Keplers. *Allgemeine Zeitung – Mainzer Anzeiger* 121, Nr. 296 (22.12.1971), S. 16.

1972:

Archimedes von Syrakus als Ingenieur und Physiker. *Der mathematische und naturwissenschaftliche Unterricht* 25 (1972), 65–72.

Die erste Aufnahme der Entdeckung der Röntgenstrahlen. In: Wilhelm Conrad Röntgen: Über eine neue Art von Strahlen. Mit einem biographischen Essay von Walther Gerlach herausgegeben und mit einem Vorwort versehen von Fritz Krafft. (Naturwissenschaftliche Texte bei Kindler) München: Kindler Verlag 1972, S. 7–24.

Heron von Alexandria. In: Die Großen der Weltgeschichte. Hrsg. von K. Faßmann, unter Mitwirkung von M. Bill, H. von Ditfurth, H. Helbling, W. Jens, R. Jungk, E. Kogon. Bd 2, Zürich: Kindler Verlag 1972, S. 332–379; Lizenzausgaben u.d.T.: Die Großen. Leben und Leistung der 600 bedeutendsten Persönlichkeiten unserer Welt. Bd 2, Teil 1, Lachen am Zürichsee [später Stuttgart usw.]: Coron-Verlag 1977, (Rev. ed.) 1989, 1991 und 1995, S. 332–379.

Ptolemäus. In: Ebenda, S. 418–467; Lizenzausgaben Bd 2, Teil 2, S. 418–467.

Plädoyer für eine Wissenschaftsgeschichte. *Nachrichten aus Chemie und Technik* 20 (1972), 367–368.

Otto von Guericke. In: Ch. C. Gillispie (Editor in Chief): Dictionary for Scientific Biography. Vol. 5, New York 1972, S. 574–576.

1973:

Der Schöpfer des neuzeitlichen Weltbildes. Zum fünfhundertsten Geburtstag des Nicolaus Copernicus. *Allgemeine Zeitung – Mainzer Anzeiger* 123, Nr. 41 (17./18. 2. 1973), ohne Paginierung (1 Seite).

Johannes Keplers Beitrag zur Himmelsphysik. In: Internationales Kepler-Symposium Weil der Stadt 1971. Referate und Diskussionen. Herausgegeben von Fritz Krafft, Karl Meyer, Bernhard Sticker. (arbor scientiarum, Reihe A, Bd 1) Hildesheim: Gerstenberg 1973, S. 55–139 (ebendort weiterhin Diskussionsbemerkungen).

Die Tat des Copernicus. Voraussetzungen und Auswirkungen. *Humanismus und Technik* 17 (1973), 79–106.

Kunst und Natur. Die Heronische Frage und die Technik in der Klassischen Antike. *Antike und Abendland* 19 (1973), 1–19.

Physikalische Realität oder mathematische Hypothese? Andreas Osiander und die physikalische Erneuerung der antiken Astronomie durch Nicolaus Copernicus. *Philosophia naturalis* 14 (1973), 243–275.

1974:

Gattung (biologisch, Antike). In: Historisches Wörterbuch der Philosophie. Unter Mitwirkung von mehr als 800 Fachgelehrten [...] hrsg. von Joachim Ritter. Bd 3, Basel/Stuttgart 1974, Sp. 25–27.

Horror vacui. In: Ebenda, Sp. 1206–1212.

Die sog. Copernicanische Revolution. *Kölner Technische Mitteilungen* 89 (1974), Nr. 9, 2–6.

Physikgeschichte für den Unterricht. *Technikgeschichte* 41 (1974), 341–351.

Diskussionsbeiträge zu den Themenkreisen ‚Historic review of the notion of science', ‚The notion of science in modern times' und ‚The notion of science in theology'. In: Ἑλληνική Ἀνθρωπιστική Ἑταιρεία. Proceedings of the Second International Humanistic Symposium at Athens, Delphi and Pelion, September 24 – October 2, 1972. Athen 1974, S. 103 bis 106, 125–126, 150–151, 273, 279, 457.

Die sogenannte Copernicanische Revolution. Das Entstehen einer neuen physikalischen Astronomie aus alter Astronomie und alter Physik. *Physik und Didaktik* 2 (1974), 276–290.

Tycho Brahe. In: Die Großen der Weltgeschichte. Hrsg. von K. Faßmann, unter Mitwirkung von M. Bill, H. von Ditfurth, H. Helbling, W. Jens, R. Jungk, E. Kogon. Bd 5, Zürich: Kindler Verlag 1974, S. 296–345; Lizenzausgaben u.d.T.: Die Großen. Leben und Leistung der 600 bedeutendsten Persönlichkeiten unserer Welt. Bd 5, Teil 1, Lachen am Zürichsee [später Stuttgart usw.]: Coron-Verlag 1977, (Rev. ed.) 1989, 1991 und 1995, S. 296–345.

Otto von Guericke. In: Ebenda, S. 798–827; Lizenzausgaben, Bd 5, Teil 2, S. 798–827.

Probleme der Wissenschaftsgeschichte (Podiumsdiskussion unter der Leitung von Kurt Hübner). In: Akten des II. Internationalen Leibniz-Kongresses Hannover, 17.–22. Juli 1972. Bd 2 (Studia Leibnitiana, Supplbd XIII), Wiesbaden: F. Steiner Verlag 1974, S. 315–321.

Keplers Wissenschaftspraxis und -verständnis. *Mitteilungen der Gesellschaft für Wissenschaftsgeschichte* 12 (November 1974), 19 bis 23.

Historische Mathematik. Nikolai Nikolaijewitsch Stuloff sechzig Jahre alt. *Nachrichtenblatt der Deutschen Gesellschaft für Geschichte der Medizin, Naturwissenschaft und Technik* 24 (1974), 69–71.

1975:

Naturwissenschaftsgeschichte in Lehre und Forschung. Bemerkungen zu einem zu Unrecht vernachlässigten Hochschulfach. *Physikalische Blätter* 31 (1975), 385–395.

Copernicus retroversus, I: Copernicus fulfills Greek astronomy. In: Colloquia Copernicana III. Proceedings of the Joint Symposium of the IAU and the IUHPS, cosponsored by the IAHS: Astronomy of Copernicus and Its Background. Toruń 1973. (Studia Copernicana, XIII) Wrocław usw.: Ossolineaum 1975, S. 113–123.

Copernicus retroversus, II: Gravitation und Kohäsionstheorie. In: Colloquia Copernicana IV. Conférences des Symposia: L'audience de la théorie héliocentrique, Copernic et le développement des sciences exactes et sciences humaines. Toruń 1973. (Studia Copernicana, XIV) Wrocław usw.: Ossolineum 1975, S. 63–76.

Nicolaus Copernicus and Johannes Kepler: New Astronomy from Old Astronomy. In: Kepler – Four Hundred Years. Proceedings of Conferences Held in Honour of Johannes Kepler. Edited by A. Beer and P. Beer. Oxford: Pergamon Press 1975 (= *Vistas in Astronomy* 18 [1974]), S. 287–306.

Kepler's Contributions to Celestial Physics. In: Ebenda, S. 567–572.

Johannes Keplers Beitrag zur Himmelsphysik. *Zentralblatt für Mathematik und ihre Grenzgebiete* 296 (1975), 6–10.

Keplers Wissenschaftspraxis und -verständnis. *Sudhoffs Archiv* 59 (1975), 54–68, 1 Tafel.

Renaissance der Naturwissenschaften – Naturwissenschaften der Renaissance. Ein Überblick über die Nachkriegsliteratur. In: Deutsche Forschungsgemeinschaft [Hrsg. A. Buck]: Humanismusforschung seit 1945. Ein Bericht aus interdisziplinärer Sicht. (DFG-Kommission für Humanismusforschung, Mitteilung 2) Boppard/ Bonn-Bad Godesberg: DFG 1975, S. 111–183, 203–213 und 217–218.

Johannes Kepler. In: Avant, avec, après Copernic. La représentation de l'univers et ses conséquences épistémologiques. XXXIe semaire de synthèse, Paris, 1–7 June 1973. Paris: A. Blanchard 1975, S. 191–202.

Diskussionsbeiträge (Interventions) zum Themenkreis ‚Avant, avec, après Copernic'. In: Ebenda, S. 131–135 und 180–181.

William Herschel. In: Die Großen der Weltgeschichte. Hrsg. von K. Faßmann, unter Mitwirkung von M. Bill, H. von Ditfurth, H. Helbling, W. Jens, R. Jungk, E. Kogon. Bd 6, Zürich: Kindler Verlag 1975, S. 772–813; Lizenzausgaben u.d.T.: Die Großen. Leben und Leistung der 600 bedeutendsten Persönlichkeiten unserer Welt. Bd 6, Teil 2, Lachen am Zürichsee [später Stuttgart usw.]: Coron-Verlag 1977, (Rev. ed.) 1989, 1991 und 1995, S. 772–813.

1976:

Kreis und Kugel. In: Historisches Wörterbuch der Philosophie. Unter Mitwirkung von mehr als 900 Fachgelehrten [...] hrsg. von Joachim Ritter † und Karlfried Gründer. Bd 4, Basel/Stuttgart 1976, Sp. 1211–1226.

Das naturwissenschaftliche Denken der Griechen im Verhältnis zur Philosophie, zur Mathematik und zur Technik. In: Griechische Philosophie in den RRL Griechisch S II. Referate und Diskussionen zur didaktischen Grundlegung. Kassel: Hessisches Institut für Lehrerfortbildung 1976, S. 37–96.

Tradition in Humanismus und Naturwissenschaft. Die Einheit der Renaissance und die ‚zwei Kulturen' der Gegenwart. *Humanismus und Technik* 20 (1976), 41–72.

Bernhard Sticker siebzig Jahre alt. *Sudhoffs Archiv* 60 (1976), 313–316.

Die Naturwissenschaften und ihre Geschichte. Zu Wesen und Aufgaben der Naturwissenschaftsgeschichte und ihrer Rolle in der Ausbildung von Naturwissenschaftlern. *Sudhoffs Archiv* 60 (1976), 317–337.

1977:

Progressus retrogradis. Die ‚Copernicanische Wende' als Ergebnis absoluter Paradigmatreue. In: Die Struktur wissenschaftlicher Revolutionen und die Geschichte der Wissenschaften. XIII. Symposium der Gesellschaft für Wissenschaftsgeschichte anläßlich ihres zehnjährigen Bestehens, 8.–10. Mai 1975 in Münster. Hrsg. von Alwin Diemer. (Studien zur Wissenschaftstheorie, Bd 10) Meisenheim am Glan: A. Hain 1977, S. 20–48.

Der Naturwissenschaftler und das Buch in der Renaissance. In: Das Verhältnis der Humanisten zum Buch. Hrsg. von Fritz Krafft und Dieter Wuttke. (DFG-Kommission für Humanismusforschung, Mitteilung 4) Boppard: H. Boldt Verlag/Bonn-Bad Godesberg: DFG 1977, S. 13–45.

Ein Leben im Dienste der Chemie und des akademischen Nachwuchses. Prof. Dr. ing. Fritz Straßmann zum 75. Geburtstag. (a) *Wochenend-Journal. Beilage der Zeitungsgruppe Rhein-Main-Nahe*, 19./20. Februar 1977, S. (6); (b) *Jahrbuch der Vereinigung ‚Freunde der Universität Mainz'* 25/26 (1976/77), 226–230, 2 Taf.

Die Magdeburger Versuche. Eine zur Saugpumpe umgebaute Handfeuerspritze leert ein Wasserfaß. *VDI-Nachrichten* 32 (1978), Nr. 20, 34.

Die Magdeburger Halbkugeln... Zum 375. Geburtstag des Otto von Guericke (1602–1686). *Wochenend-Journal. Beilage der Zeitungsgruppe Rhein-Main-Nahe*, 10./11. Dezember 1977, S. (6).

Athanasius Kircher. In: Neue Deutsche Biographie. Bd 11, Berlin 1977, S. 641–645.

Anhang, Nachwort. In: Mathematik und Naturwissenschaften an der Johannes Gutenberg-Universität. Überblick der Fachbereiche aus Anlaß der 500 Jahr-Feier der Universität. Herausgegeben von Fritz Krafft. (Beiträge zur Geschichte der Universität Mainz, Bd 12). Wiesbaden: F. Steiner Verlag 1977, S. 95–149.

[Rezensionen: F. Gregory, in: *Annals of Science* 35 (1978), 636–638; N. N., in: *Erfahrungsheilkunde* 27 (1978), Heft 3.]

Jesuiten als Lehrer an Gymnasium und Universität Mainz und ihre Lehrfächer. Eine chronologisch-synoptische Übersicht 1561–1773. In: Tradition und Gegenwart. Studien und Quellen zur Geschichte der Universität Mainz, mit besonderer Berücksichtigung der Philosophischen Fakultät.

Besorgt durch H. Weber, unter Mitwirkung von Alois Gerlich, Helmut Mathy und Ludwig Petry. Teil I: Aus der Zeit der Kurfürstlichen Universität. Redaktion: Helmut Mathy und Ludwig Petry. (Beiträge zur Geschichte der Universität Mainz, Bd 11/I) Wiesbaden: F. Steiner Verlag 1977, S. 260–349.

Mathematik und Naturwissenschaften an der Mainzer Universität. In: Die Johannes Gutenberg-Universität. 500 Jahre Universität in Mainz. Sonderbeilage der *Allgemeinen Zeitung* vom 14. Juni 1977, Nr. 135, S. 2.

In memoriam Bernhard Sticker. *Sudhoffs Archiv* 61 (1977), zwischen S. 312/313: 2 Seiten, 1 Tafel.

Bernhard Sticker †. *Nachrichtenblatt der Deutschen Gesellschaft für Geschichte der Medizin, Naturwissenschaft und Technik* 27 (1977), 41–45.

Prof. Dr. Bernhard Sticker †. *Die Deutsche Universitätszeitung, vereinigt mit Hochschuldienst*, Jg. 1977, Nr. 21, 677.

Bernhard Sticker †. *Mitteilungen der Astronomischen Gesellschaft* 42 (1977), 9 bis 10.

1978:

Otto von Guericke. (Erträge der Forschung, Bd 87) Darmstadt: Wissenschaftliche Buchgesellschaft 1978. VIII, 199 Seiten.

[Rezensionen: W. Weber, in: *Das historisch-politische Buch* 27/3 (1979), 76 f.; N. N., in: *Neue Zürcher Zeitung*, Nr. 146 (27. VI. 1979), 61; F. Klemm, in: *Technikgeschichte* 46 (1979), 337 f.; A. Kauffeldt, in: *Deutsche Literaturzeitung* 101 (1980), 654; B. Fleiß, in: *Deutsches Ärzteblatt – Ärztliche Mitteilungen*, Heft 21/1981; R. Jost, in: *Vierteljahrsschrift der Naturforschenden Gesellschaft in Zürich* 127/4 (1982), 370; W. R. Shea, in: *Isis* 74 (1983), 133; H. Gollmann, in: *Internationale Mathematiker Nachrichten* 133 (1983), 49.]

Die Korrespondenz des Otto von Guericke (d. Ä.). Eine Übersicht. *Technikgeschichte* 45 (1978), 37–54.

Editorial: Warum eine neue Zeitschrift und gerade diese Zeitschrift? Zur Einführung der ‚Berichte zur Wissenschaftsgeschichte'. *Berichte zur Wissenschaftsgeschichte* 1 (1978), 1–4.

[Rezensionen: N. N., in: *Ambix* 26 (1979), 144; N. N., in: *Frankfurter Allgemeine Zeitung* vom 7. II. 1979; F. Gregory, in: *Isis* 71 (1980), 305 f.; T. Lenoir, in: *Annals of Science* 37 (1980), 608–610; A. Wernet, in: *Interdisciplinary Science Reviews* 5 (1980), 169 f.; A. S., in: *Biuletyn Bibliograficzny* Nr. 3/1980, 6.]

Das Entstehen neuer Wissenschaften in der Neuzeit. XV. Symposium der Gesellschaft für Wissenschaftsgeschichte. Vorbemerkung. *Berichte zur Wissenschaftsgeschichte* 1 (1978), 5 f.

Vierzig Jahre Uranspaltung. Historische Betrachtungen zum Forscherteam Hahn-Meitner-Straßmann. *Frankfurter Allgemeine Zeitung* 28. Dezember 1978, S. I/II.

Der Weg von den Physiken zur Physik an den deutschen Universitäten. *Berichte zur Wissenschaftsgeschichte* 1 (1978), 123–162.

Wissenschaftsgeschichte stellt sich vor. Bemerkungen zur Zeitschrift ‚Berichte zur Wissenschaftsgeschichte'. *Die Deutsche Universitätszeitung, vereint mit Hochschul-Dienst*, Nr. 24/1978, 769–770.

Lise Meitner und ihre Zeit. Zum hundertsten Geburtstag der bedeutenden Naturwissenschaftlerin. *Angewandte Chemie* 90 (1978), 876–892.

Lise Meitner: Her Life and Times. On the Centenary of the Great Scientist's Birth. *Angewandte Chemie, International Edition in English* 17 (1978), 826–842.

Das Schicksal der jüdischen Akademikerin. Zum 100. Geburtstag von Lise Meitner, der Mitentdeckerin der Kernspaltung. *Wochenend-Journal. Beilage der Zeitungsgruppe Rhein-Main-Nahe*, 4./5. November 1978, S. (6).

Die Entdeckung der Kernspaltung. Vor vierzig Jahren begann das Atomzeitalter. *Wochenend-Journal. Beilage der Zeitungsgruppe Rhein-Main-Nahe*, 16./17. Dezember 1978, S. (6).

(Zusammen mit Karl E. Rothschuh:) Aus der bisherigen Tätigkeit der Gesellschaft für Wissenschaftsgeschichte. *Berichte zur Wissenschaftsgeschichte* 1 (1978), 201–215.

Edwin Powell Hubble. Die Entwicklung der Astronomie seit William Herschel. In: Die Großen der Weltgeschichte. Hrsg. von K. Faßmann, unter Mitwirkung von M. Bill, H. von Ditfurth, H. Helbling, W. Jens, R. Jungk, E. Kogon. Bd 11, Zürich: Kindler Verlag 1978, S. 152–221; Lizenzausgaben u.d.T.: Die Großen. Leben und Leistung der 600 bedeutendsten Persönlichkeiten unserer Welt. Bd 6, Teil 2, Lachen am Zürichsee [später Stuttgart usw.]: Coron-Verlag 1978, (Rev. ed.) 1989 und 1995, S. 152–221.

Prognose und Wissenschaft. XVI. Symposium der Gesellschaft für Wissenschaftsgeschichte [Bericht]. (a) *Berichte zur Wissenschaftsgeschichte* 1 (1978), 221–229; (b) *AHF-Jahrbuch der historischen Forschung* 1978. Stuttgart 1979, 89–97.

1979:

Prognose und Wissenschaft. XVI. Symposium der Gesellschaft für Wissenschaftsgeschichte [Ansprache des Präsidenten bei der Eröffnung]. *Berichte zur Wissenschaftsgeschichte* 2 (1979), 1–2.

Archimedes. In: Lexikon des Mittelalters. Bd 1, Lieferung 5/6, Zürich/München 1979, Sp. 898 f.

Aristoteles B III und IV. In: Ebenda, Sp. 941 f.

artes mechanicae. In: Ebenda, Sp. 1063–1065.

Atomistik. In: Ebenda, Sp. 1174 f.

Alte Physik und neue Physik. In: Disciplinae novae. Zur Entstehung neuer Denk- und Arbeitsrichtungen in der Naturwissenschaft. Festschrift zum 90. Geburtstag von Hans Schimank. Göttingen: Vandenhoeck & Ruprecht 1979, S. 45–63.

Die Stellung des Menschen im Universum. Ein Kapitel aus der abendländischen Kosmologie. *Die Technikgeschichte als Vorbild moderner Technik. Schriften der Georg-Agricola-Gesellschaft*, Nr. 5 (1979), 11–44.

Entdeckung mit Folgen. Otto Hahn: Ein Gedenkblatt zum 100. Geburtstag. *Frankfurter Allgemeine Zeitung*, Nr. 57 (8. März 1979), S. 21.

Alles ist relativ... Zum hundertsten Geburtstag von Albert Einstein (1879 bis 1955). *Wochenend-Journal. Beilage der Zeitungsgruppe Rhein-Main-Nahe* 10./11. März 1979, (6).

Replik [zum vorstehenden Artikel "Erinnerungen an Otto Hahn"]. *Nachrichten aus Chemie, Technik und Laboratorium* 27 (1979), 405–408.

Naturwissenschafts- und Technikgeschichte in der Bundesrepublik Deutschland und in West-Berlin. Eine Übersicht über die Forschung und Lehre an den Institutionen. Teil I. *Berichte zur Wissenschaftsgeschichte* 2 (1979), 142–192.

1980:

Ein frühes Beispiel interdisziplinärer Team-Arbeit. Zur Entdeckung der Kernspaltung durch Hahn, Meitner und Straßmann. Teil I/II. *Physikalische Blätter* 36 (1980), 85–89 und 113–118.

(Zusammen mit Rudolf Schmitz:) Vorbemerkung. In: Rudolf Schmitz/Fritz Krafft (Hrsgg.): Humanismus und Naturwissenschaften. (Beiträge zur Humanismusforschung, Bd 6) Boppard: Harald Boldt Verlag 1980, S. 7 f.

Die erste Sternwarte in Europa. Zu einer Sonderausstellung in Kassel. *Wochenend-Journal. Beilage der Zeitungsgruppe Rhein-Main-Nahe*, 15./16. März 1980, (6).

Der Wandel der Auffassung von der antiken Naturwissenschaft und ihres Bezuges zur modernen Naturforschung. In: Olivier Reverdin (éd.): Les études classiques aux XIXe et XXe siècles: Leur place dans l'histoire des idées. (Entretiens sur l'antiquité classique, Tome 26) Vandœuvres-Genève 1980, S. 241–304.

Mechanik (I, Antike). In: Historisches Wörterbuch der Philosophie. Unter Mitwirkung von mehr als 950 Fachgelehrten [...] herausgegeben von Joachim Ritter† und Karlfried Gründer. Bd 5, Basel/Stuttgart 1980, Sp. 950–952.

Medien und Formen der Wissenschaftsvermittlung (XVII. Symposium der ‚Gesellschaft für Wissenschaftsgeschichte', 24.–26. Mai 1979). Ansprache des Präsidenten bei der Eröffnung des Symposiums. *Berichte zur Wissenschaftsgeschichte* 3 (1980), 1–6.

Großer Forscher – gütiger Mensch. Zum Tode von Prof. Dr.-Ing. Fritz Straßmann, dem Entdecker der Kernspaltung gemeinsam mit Otto Hahn und Lise Meitner. *Allgemeine Zeitung (Mainz)*, 23. April 1980, S. 3.

Der Dritte im Bunde. Zum Tode des Kernchemikers Fritz Straßmann. *Frankfurter Allgemeine Zeitung* Nr. 96/1980 (24. April 1980), S. 23.

Naturwissenschafts- und Technikgeschichte in der Bundesrepublik Deutschland und in West-Berlin. Eine Übersicht über die Forschung und Lehre an den Institutionen. Teil II. *Berichte zur Wissenschaftsgeschichte* 3 (1980), 131–188.

Alexander von Humboldt und die Neptunismus-Vulkanismus-Kontroverse. In: Alexander von Humboldt: Mineralogische Beobachtungen über einige Basalte am Rhein. Mit vorangeschickten zerstreuten Bemerkungen über den Basalt der älteren und neueren Schriftsteller [1790] – und einem Nachwort von Fritz Krafft. Darmstadt: (Wissenschaftliche Buchgesellschaft für:) 'Die 10 der Montagsrunde' 1980, S. 127–202.

1981:

Im Schatten der Sensation. Leben und Wirken von Fritz Straßmann, nach Dokumenten und Aufzeichnungen dargestellt. Weinheim: Verlag Chemie 1981. XVI und 541 Seiten.

> [Rezensionen: E. Probst, in: *Allgemeine Zeitung (Mainz)* vom 30. VI. 1981, 5; R. Elmer, in: *Chemie für Labor und Betrieb* 32/9 (1981); J. Rasch, in: *Nachrichten aus Chemie, Technik und Laboratorium* 29/10 (1981), 715 f.; E. Probst, in: *Die Zeit,* Nr. 50 vom 4. XII. 1981 (Literatur, S. 19); D. Tasch, in: *Hannoversche Allgemeine Zeitung* vom 19./20. XII. 1981; F. Holstein, in: *Deutsche Volkszeitung (Düsseldorf)*, Nr. 7 vom 18. II. 1982; H. Größing, in: *Die Presse (Wien)* vom 20./ 21. II. 1982; H. Größing, in: *Mitteilungen der Österreichischen Gesellschaft für Geschichte der Naturwissenschaften* 2 (1982), Heft 1, 18 f.; H. J. Berthold, in: *Chemie – Ingenieur – Technik*, Heft 4/1982, 408; F. Herneck, in: *Deutsche Literaturzeitung* 103 (1982), Heft 7/8, 592–594; K. von Meyenn, in: *Physikalische Blätter* 38 (1982), 356; R. H. Stuewer, in: *Isis* 73 (1982), 611; H. Schütz, in: *Das Ärztliche Laboratorium* 28/5 (1982); H. Kant, in: *Zeitschrift für Geschichtswissenschaft* 31/4(1983); G. Brunner, in: *Isotopenpraxis* 19/5 (1983); D. Hoffmann, in: *NTM – Schriftenreihe für Geschichte der Naturwissenschaften, Technik und Medizin* 20 (1983), 108; P. L. Rose, in: *Berichte zur Wissenschaftsgeschichte* 9 (1986), 131; N.N., in: *History and Philosophy of Life Sciences* (1986).]

Bewegung. In: Lexikon des Mittelalters. Bd 2 (Lieferung 11), Zürich/München 1981, Sp. 24–28.

Astrophysik contra Astronomie. Das Zurückdrängen einer alten Disziplin durch die Begründung einer neuen. *Berichte zur Wissenschaftsgeschichte* 4 (1981), 91–112.

Theologie und Naturwissenschaft. Die Wende von der Einheit zur Vielfalt des wissenschaftlichen Weltbildes. (a) *Antike und Abendland* 27 (1981), 98 bis

115; (b) *Abhandlungen und Quellen zur Geschichte der Geographie und Kosmologie* 3 (1982), 43–60.

Wissenschaft und Weltbild (I): Die Wende von der Einheit zur Vielfalt. In: Norbert A. Luyten (Hrsg.): Naturwissenschaft und Theologie. Mit Beiträgen von Heimo Dolch ... (Schriften der Katholischen Akademie in Bayern, Bd 100/patmos-paperback) Düsseldorf: Patmos Verlag 1981, S. 53–78.

Wissenschaft und Weltbild (II): Von der Einheit der Welt zur Vielfalt der Welten und des Menschen Stellung in ihnen. In: Norbert A. Luyten (Hrsg.): Naturwissenschaft und Theologie. Mit Beiträgen von Heimo Dolch ... (Schriften der Katholischen Akademie in Bayern, Bd 100/patmos-paperback) Düsseldorf: Patmos Verlag 1981, S. 79–117.

[Rezension: F. Stuhlhofer, in: *Mitteilungen der Österreichischen Gesellschaft für Geschichte der Naturwissenschaften* 4 (1984), 136–139.]

Die Stellung des Menschen im Universum. *Abhandlungen und Quellen zur Geschichte der Geographie und Kosmologie* 3 (1982), 147–181.

Naturwissenschafts- und Technikgeschichte in der Bundesrepublik Deutschland und in West-Berlin 1970–1980. Eine Übersicht über die Forschung und Lehre an den Institutionen. Aktualisierte Beiträge aus den Berichten zur Wissenschaftsgeschichte. (a) Wiesbaden: Akademische Verlagsgesellschaft Athenaion 1981. VI und 163 Seiten; (b) Mit einem Geleitwort von Christoph J. Scriba und einem Grußwort von Wilhelm Dettmering. (Berichte zur Wissenschaftsgeschichte, Sonderheft 1981) Wiesbaden: Akademische Verlagsgesellschaft 1981. X und 163 Seiten [auch als Sonderausgabe innerhalb der ‚Schriften der Georg-Agricola-Gesellschaft'].

[Rezension: W. Treue, in: *Vierteljahrschrift für Sozial- und Wirtschaftsgeschichte* 70 (1983), 594 f.]

Das Verdrängen teleologischer Denkweisen in den exakten Naturwissenschaften. In: Hans Poser (Hrsg.): Formen teleologischen Denkens. Philosophische und wissenschaftshistorische Analysen. Kolloquium an der Technischen Universität Berlin, WS 1980/81. (TUB-Dokumentation Kongresse und Tagungen, Heft 11) Berlin: Technische Universität Berlin 1981, S. 31–59.

‚Berichte zur Wissenschaftsgeschichte': A New Journal of ‚Wissenschaftsgeschichte'. In: Proceedings of the 16th International Congress of the History of Science, Bucharest, August 26 – September 3, 1981. Bd B: Symposia. Bukarest 1981, S. 539–546.

Lise Meitner und die Entdeckung der Kernspaltung. In: Proceedings of the 16th International Congress of the History of Science, Bucharest, August 26 – September 3, 1981. Bd B: Symposia. Bukarest 1981, S. 274–284.

Nochmals zum Team Hahn-Meitner-Straßmann. *Physikalische Blätter* 37 (1981), 351 f.

Wissenschaftsgeschichte und Wissenschaftstheorie. *Aspekte der Wissenschaftsgeschichte. Internationale Rundfunk-Universität*, Erstsendung: Hessischer Rundfunk, 2. Programm, 7. Oktober 1981, 22^{00}–22^{30} Uhr.

Naturwissenschaft bis zur frühen Neuzeit. Ebendort, Erstsendung 14. Oktober 1981, 22^{00}–22^{30} Uhr.

Die Entwicklung der Physik. Ebendort, Erstsendung 21. Oktober 1981, 22^{00} bis 22^{30} Uhr.

Luoghi della ricerca naturale. In: Laetitia Boehm / Ezio Raimondi (Hrsgg.): Università, Accademie e Società scientifiche in Italia e in Germania dal Cinquecento al Settecento. (Annali dell'Istituto storico italo-germanico, Quaderno 9) Bologna: il Mulino 1981, S. 421–460.

Naturwissenschafts- und Technikgeschichte in der Bundesrepublik Deutschland und in West-Berlin. Eine Übersicht über die Forschung und Lehre an den Institutionen. Teil 3. *Berichte zur Wissenschaftsgeschichte* 4 (1981), 179 bis 234.

(Zusammen mit Änne Bäumer:) Zum Copernicus-Text von ‚De revolutionibus'. *Berichte zur Wissenschaftsgeschichte* 4 (1981), 235–256.

Bedingungen und Voraussetzungen für das Entstehen moderner Physik in der ersten Hälfte des 19. Jahrhunderts. In: Bernardo Bolzano (1781–1848) – Bicentenary. Impact of Bolzano's Epoch on the Development of Science. Prag, 7–13 September 1981. *Acta historiae rerum naturalium necnon technicarum*, Special Issue 13, Prag 1981 [erschienen 1983], S. 75–101.

1982:

Die Keplerschen Gesetze im Urteil des 17. Jahrhunderts. In: Rudolf Haase (Hrsg.): Kepler Symposion. Zu Johannes Keplers 350. Todestag, 25.–28. September 1980 im Rahmen des Internationalen Brucknerfestes '80 Linz. Bericht. Linz (1982), S. 75–98.

Das Selbstverständnis der Physik im Wandel der Zeit. Vorlesungen zum Historischen Erfahrungsraum physikalischen Erkennens. (taschentext) Weinheim: Physik Verlag / Verlag Chemie 1982. VII, 216 Seiten.

[Rezensionen: J. B., in: *Frankfurter Allgemeine Zeitung*, Nr. 290 vom 15. XII. 1982, 32; E. Schramm, in: *Wechsel-Wirkung* 5 (1983), Heft 17; HS, in: *Physikalische Berichte*, Heft 5/1983; H. Größing, in: *Die Presse (Wien)* vom 29./30. X. 1983; A. Janoschek, in: *Die Neue Bücherei*, Heft 5/1983; P. M. Harman, in: *Isis* 74 (1983), 274; rd, in: *Chemische Rundschau* 37 (1984), Heft 33; J. Leisen, in: *Berichte zur Wissenschaftsgeschichte* 7 (1984), 261 f.; F. Stuhlhofer, in: *Mitteilungen der Österreichischen Gesellschaft für Geschichte der Naturwissenschaften* 4 (1984), 172–174; M. Mai, in: *VDI-Nachrichten* vom 4. I. 1985; W. Schreier, in: *NTM – Schriftenreihe für Geschichte der Naturwissenschaften, Technik und Medizin* 22 (1985), Heft 1, 112; E. Dössel, in: *Der mathematische und naturwissenschaftliche Unterricht* 38 (1985), Heft 4; A. M. Forrest, in: *European Journal of Physics* 6 (1985), Heft 1.]

Zielgerichtetheit und Zielsetzung in Wissenschaft und Natur. Entstehen und Verdrängen teleologischer Denkweisen in den exakten Naturwissenschaften. *Berichte zur Wissenschaftsgeschichte* 5 (1982), 53–74.

Natur und Erkenntnis. In: Wissenschaft und Wahrheit. Symposium der Hochschulkreise [der Katholischen Akademie in Bayern], 18.–20. Juni 1982. *zur debatte. Themen der Katholischen Akademie in Bayern* 12/Nr. 6 (Nov./ Dez. 1982), 8–9.

(Mit Dietrich Hahn:) Streit um ein Buch zur Kernspaltung. *Bild der Wissenschaft* 19 (1982), Heft 9, (68–)70–71.

Vor fünfzig Jahren. Emigration und Immigration von Wissenschaft. *Berichte zur Wissenschaftsgeschichte* 5 (1982), 270–271.

1983:

Der ‚Historische Erfahrungsraum' der Entdeckung der Kernspaltung. In: Peter Dilg u.a. (Hrsgg.): Perspektiven der Pharmaziegeschichte. Festschrift für Rudolf Schmitz zum 65. Geburtstag. Graz: Akademische Druck- und Verlagsanstalt 1983, S. 209–224.

Internal und External Conditions for the Discovery of Fission by the Berlin Team. In: William R. Shea (Ed.): Otto Hahn and the Rise of Nuclear Physics. Symposium Held at the McGill University Montreal, September 20-21, 1979. (The University of Western Ontario Series in Philosophy of Science, Vol. 22) Dordrecht/Boston/Lancaster: D. Reidel 1983, S. 135–165.

1984:

Lise Meitner und die Entdeckung der Kernspaltung. *Mitteilungen der Österreichischen Gesellschaft für Geschichte der Naturwissenschaften* 4 (1984), 1–6.

Europe: Birthplace of Modern Science. In: L'Europa – fondamenti, formazione e realtà. (Studi di Storia Moderna e Contemporanea, 15) Roma: Istituto Storico Italiano per l'età moderna e contemporanea 1984, S. 207–230.

Robert Mayer-Literatur aus Heilbronn. *Berichte zur Wissenschaftsgeschichte* 7 (1984), 109–115.

Tycho Brahe. In: Exempla historica – Epochen der Weltgeschichte in Biographien. Band 27: Die Konstituierung der neuzeitlichen Welt. Naturwissenschaftler und Mathematiker. (Fischer Taschenbuch 17027) Frankfurt am Main: Fischer Taschenbuch Verlag 1984, S. 85–142.

Otto von Guericke. Ebenda, S. 221–256.

1985:

Otto Hahn, 1879–1968. In: Lothar Gall (Hrsg.): Die Großen Deutschen unserer Epoche. Berlin/Frankfurt am Main: Propyläen Verlag 1985, S. 173–185; ²1995, S. 173–185.

Anaximandros. In: Exempla historica – Epochen der Weltgeschichte in Biographien. Band 4: Von den frühen Hochkulturen bis zum Hellenismus. Griechische Philosophen. (Fischer Taschenbuch 17004) Frankfurt am Main: Fischer Taschenbuch Verlag 1985, S. 9–39 und 209.

Anaxagoras und Empedokles. In: Ebenda, S. 57–83 und 210–211.

Gegenstand und Methode der Wissenschaftsgeschichte der Naturwissenschaften. In: Hans-Joachim Braun / Rainer H. Kluwe (Hrsgg.): Entwicklung und Selbstverständnis von Wissenschaften. Ein interdisziplinäres Colloquium. (Studien zur Technik-, Wirtschafts- und Sozialgeschichte, Bd 1) Frankfurt am Main/Bern/New York 1985, S. 310–338.

Das Werden des Kosmos. Von der Erfahrung der zeitlichen Dimension astronomischer Objekte im 18. Jahrhundert. *Berichte zur Wissenschaftsgeschichte* 8 (1985), 71–85.

Naturwissenschafts- und Technikgeschichte in der Bundesrepublik Deutschland und in West-Berlin, 1981–1984. Eine Übersicht über Forschung und Lehre an den Institutionen. Zusammen mit: Tätigkeitsbericht/Report 1981–1985 des Nationalkomitees der Bundesrepublik Deutschland in der I.U.H.P.S., Division of History of Science. (a) Weinheim: VCH Verlagsgesellschaft 1985. VIII, 72 Seiten; (b) *Berichte zur Wissenschaftsgeschichte* 9 (1986), 1–70 [nur Teil 1, ergänzt].

Archimedes. In: Exempla historica – Epochen der Weltgeschichte in Biographien. Band 5: Von den frühen Hochkulturen bis zum Hellenismus. Forscher und Gelehrte. (Fischer Taschenbuch 17005) Frankfurt am Main: Fischer Taschenbuch Verlag 1985, S. 173–197 und 239 f.

Johannes Kepler: Astronomy as a Way of Worship. (a) Abstracts of Papers Presented in Symposia. XVIIth International Congress of History of Science, University of California, Berkeley, 31 July – 8 August 1985. Acts, Vol. 2, Berkeley 1985, Symposium 16.1; (b) *Annali dell'Istituto storico italo-germanico in Trento* 11 (1985 [1986]), 9–17.

Heron von Alexandria. In: Exempla historica – Epochen der Weltgeschichte in Biographien. Band 10: Imperium Romanum und frühes Mittelalter. Forscher und Gelehrte. (Fischer Taschenbuch 17010) Frankfurt am Main: Fischer Taschenbuch Verlag 1985, S. 41–101 und 225–228.

Ptolemäus. In: Ebenda, S. 123–188 und 230–233.

1986:

Artikel in: Große Naturwissenschaftler. Biographisches Lexikon. Mit einer Bibliographie zur Geschichte der Naturwissenschaften herausgegeben von Fritz Krafft. Zweite, neu bearbeitete und erweiterte Auflage, Düsseldorf: VDI-Verlag 1986:

G. Agricola, Airy, Albert der Große, Anaxagoras, Anaximandros, Anaximenes, P. Apian / Ph. Apian, Apollonios von Perge, Aratos, Archimedes, Archytas, Argelander, Aristarchos von Samos, Aristoteles, Auwers, Averroës, Avicenna, al-Battani, J. Bayer, Bessel, Biringuccio, al-Biruni, al-Bitrudschi, H. Bock/O. Brunfels, Borelli, Bradley, Brahe, G. D. Cassini, Celsius, Cesalpino, Chandler, Chladni (mit K. H. Wiederkehr), Clairault, M. Curie (mit D. Koch/K. M. Meyer-Abich), Copernicus, Demokritos, Dioskurides, Doppler, Eddington, Empedokles, Encke, Epikuros, Eratosthenes, Eudoxos, Euklid, Flamsteed, Fraunhofer (mit K. H. Wiederkehr), Fuchs, Galilei, Gesner, W. Gilbert, Grosseteste, von Guericke, Gutenberg, Ibn al-Haitham, Hale, Halley, Hekataios, van Helmont, Heron von Alexandria, W. Herschel /J. Herschel, Hertzsprung, Hevelius, Hipparchos, Hubble, Huggins, al-Idrisi, Jeans, Jordanus Saxo/Nemorarius, Jungius, Kant, Kapteyn, Kepler, Kircher, Leonardo da Vinci, Libavius, Lockyer, J. T. Mayer, Mayr, Milne, Olbers, Nikolaus von Kues, Nicole Oresme, Ørsted, Parmenides, Peurbach, Piazzi, Pickering, Platon, Plinius, Poseidonios, Ptolemaios, Pythagoras, Riccioli, J. W. Ritter, Rømer, Johannes de Sacrobosco, Scheiner, Schiaparelli, Schwarzschild, Secchi, von Seeliger, Sennert, Shapley, Snellius, Stensen, Strabon, W. Struve/O. Struve, Thabit Ibn Qurra, Thales von Milet, Theophrastos, Varenius, Vesalius, H. C. Vogel, A. G. Werner, A. Werner, Wilhelm IV. von Hessen-Kassel, Wilhelm von Ockham, Willstätter, Wilson, Windaus, M. Wolf; Zeittabelle, Bibliographie (mit Ä. Bäumer[-Schleinkofer]), Synoptische Übersicht.

[Rezensionen: R. Ellmer, in: *CLB Chemie für Labor und Betrieb* 37 (1986), Nr. 12; H. Keck, in: *Die Wahrheit,* Nr. 19 (9./10. V. 1987); A. Krabbe, in: *Sterne und Weltraum* 26 (1987), 362; R. Bodendiek, in: *Der mathematische und naturwissenschaftliche Unterricht* 40 (1987), 447; J. Neu, in: *Archives Internationales d'Histoire des Sciences* 37 (1987), 195; W. König, in: *Technikgeschichte* 54 (1987), 333(–335).]

Erkenntnisse im Erfahrungsraum. *zur debatte. Themen der Katholischen Akademie in Bayern* 16/Nr. 2 (1986), 1–3.

Innovationsschübe durch Außenseiter: Das Beispiel des Amateur-Astronomen William Herschel. *Berichte zur Wissenschaftsgeschichte* 9 (1986), 201–225.

Beobachtung – Versuch – Experiment. In: Hanfried Helmchen/Rolf Winau (Hrsgg.): Versuche mit Menschen in Medizin, Humanwissenschaft und Politik. Berlin/New York: W. de Gruyter 1986, S. 317–353.

1987:

Vorwort. Zu: Klaus Becker u.a.: Ausstellung ‚Lise Meitner – Leben und Werk einer Atomphysikerin' im Lise-Meitner-Gymnasium Böblingen vom 23. März bis 3. April 1987. Böblingen: Lise-Meitner-Gymnasium 1987, S. (6); ²1995, S. 3.

φυσική – physica – Physik. Vom Wandel des Begriffs Physik. In: Friedrich Rapp / Hans-Werner Schütt (Hrsgg.): Begriffswandel und Erkenntnisfortschritt in den Erfahrungswissenschaften. Kolloquium an der Technischen Universität Berlin, WS 1984/85. (TUB-Dokumentation Kongresse und Tagungen, Heft 32) Berlin 1987, S. 73–100.

Von der Kosmologie zur Kosmogonie. Zeit als neue Dimension der Kosmologie im 18. Jahrhundert. In: Christian Hünemörder (Hrsg.): Wissenschaftsgeschichte heute. Ansprachen und wissenschaftliche Vorträge zum 25jährigen Bestehen des Instituts für Geschichte der Naturwissenschaften, Mathematik und Technik der Universität Hamburg. (Beiträge zur Geschichte der Wissenschaft und Technik, Heft 20) Stuttgart: Franz Steiner Verlag Wiesbaden 1987, S. 69–85.

Das abendländische Wissenschaftsverständnis in seiner kulturellen Bedingtheit. In: Wissenschaft im Spannungsfeld zwischen den Kulturen. Beiträge von Fritz Krafft, Mark Münzel, Thomas Schweizer, Hans Waldenfels, Walter J. Hollenweger und János Riesz. (Schriften der Universität Bayreuth, Nr. 1) Bayreuth: Universität Bayreuth 1987, S. 7–38.

1988:

Aristoteles aus christlicher Sicht: Umformungen aristotelischer Bewegungslehren durch Johannes Philoponos. In: Jean-François Bergier (Hrsg.): Zwischen Wahn, Glaube und Wissenschaft. Magie, Astrologie, Alchemie und Wissenschaftsgeschichte. Zürich: Verlag der Fachvereine 1988, S. 51–85.

De sphaera, Johannes de Sacrobosco. In: Lexikon der philosophischen Werke. Hrsg. von Franco Volpi und Julian Nida-Rümelin. (Kröners Taschenausgabe, Bd 486) Stuttgart: A. Kröner Verlag 1988, S. 151 f.

Fragmente der älteren Atomisten. In: Ebenda, S. 291 f.

Kosmos. Entwurf einer physischen Weltbeschreibung, Alexander von Humboldt. In: Ebenda, S. 278 f.

Mathematike syntaxis, Klaudios Ptolemaios. In: Ebenda, 433 f.

Stoicheia, Euklid. In: Ebenda, S. 657 f.

Le système du monde. Histoire des doctrines cosmologiques de Platon à Copernic, Pierre-Maurice-Marie Duhem. In: Ebenda, S. 689.

La théorie physique. Son objet et sa structure, Pierre-Maurice-Marie Duhem. In: Ebenda, S. 706.

Lise Meitner. (Berichte des Hahn-Meitner-Instituts – HMI-B 448) Berlin: Hahn-Meitner-Institut 1988. 26 Seiten.

Astronomie als Gottesdienst: Die Erneuerung der Astronomie durch Johannes Kepler. In: Günter Hamann / Helmuth Grössing (Hrsgg.): Der Weg der Naturwissenschaften von Johannes von Gmunden zu Johannes Kepler. (Österreichische Akademie der Wissenschaften. Philosophisch-historische Klasse, Sitzungsberichte Bd 497 / Veröffentlichungen der Kommission für Geschichte der Mathematik, Naturwissenschaften und Medizin, Bd 46) Wien: Verlag der Österreichischen Akademie der Wissenschaften 1988, S. 182–196.

[Rezension: Jens Høyrup, in: *Mathematical Reviews* (1990).]

Johannes Kepler. In: Theologische Realenzyklopädie. Bd 18, Lfrg. 1/2, Berlin /New York 1988, S. 97–109.

An der Schwelle zum Atomzeitalter. Die Vorgeschichte der Entdeckung der Kernspaltung im Dezember 1938. *Berichte zur Wissenschaftsgeschichte* 11 (1988), 227–251.

1989:

Zum ‚Historischen Erfahrungsraum' von Wissenschaft, oder: Warum wir uns auf die Geschichte der Wissenschaften besinnen sollten. In: Werner Kreisel (Hrsgg.): Geisteshaltung und Umwelt. Festschrift zum 65. Geburtstag von Manfred Büttner. (Abhandlungen zur Geschichte der Geowissenschaften und Religion/Umwelt-Forschung, Bd 1) Aachen 1988 (1989), S. 87–109.

(Zusammen mit Wolfhard Weber:) Tätigkeitsbericht 1985–1989/Report 1985 –1989 (des Nationalkomitees der Bundesrepublik Deutschland in der International Union of the History and Philosophy of Science, Division of History of Science) – Naturwissenschafts- und Technikgeschichte in der Bundesrepublik Deutschland und in Berlin (West), 1985–1988: Eine Übersicht über Forschung und Lehre an den Institutionen. Weinheim (VCH Verlagsgesellschaft für das Nationalkomitee) 1989. VI, 80 Seiten.

Pflanzenseele, I (Antike). In: Historisches Wörterbuch der Philosophie. Unter Mitwirkung von mehr als 1200 Fachgelehrten […] hrsg. von Joachim Ritter † und Karlfried Gründer. Bd 7, Basel/Stuttgart 1989, Sp. 402–403.

(Zusammen mit Christoph J. Scriba:) Foreword. In: Fritz Krafft/Christoph J. Scriba (Hrsgg.): XVIIIth International Congress of History of Science. General Theme: Science and Political Order/Wissenschaft und Staat. 1st–9th August 1989, Hamburg–Munich. Abstracts. 1989, S. 1–4.

Johann Christian Polykarp Erxleben. In: Literatur Lexikon. Autoren und Werke deutscher Sprache. Hrsg. von Walther Killy. Bd 3, Gütersloh/München: Bertelsmann Lexikon Verlag 1989, S. 295.

David Fabricius. In: Ebenda, S. 320.

Johannes Fabricius. In: Ebenda, S. 324 f.

Otto von Guericke. In: Literatur Lexikon. Autoren und Werke deutscher Sprache. Hrsg. von Walther Killy. Bd 4, Gütersloh/München: Bertelsmann Lexikon Verlag 1989, S. 418 f.

Johannes Kepler: Astronomy as a Way of Worship. In: Änne Bäumer / Manfred Büttner (Eds.): Science and Religion / Wissenschaft und Religion. Proceedings of the Symposium of the XVIIIth International Congress of History of Science at Hamburg-Munich, 1.–9. August 1989 [sic]. (Abhandlungen zur Geschichte der Geowissenschaften und Religion/Umwelt-Forschung, Bd 3) Bochum: Universitätsverlag N. Brockmeyer 1989, S. 102–109.

Allgemeine Wissenschaften. In: Dahlmann-Waitz: Quellenkunde zur deutschen Geschichte. Bibliographie der Quellen und der Literatur zur deutschen Geschichte. 10. Auflage unter Mitwirkung zahlreicher Gelehrter hrsg. von Hermann Heimpel † und Herbert Geuss. 5. Buch [1519–1648]. Lfg. 61 (Bd 7), Stuttgart 1989, Abschnitt 304.

Naturwissenschaften. In: Ebenda, Abschnitt 306.

Des Menschen Stellung im Universum. Ein Kapitel abendländischer Wissenschaftsgeschichte. (a) *Pharmazeutische Zeitung* 134 (1989), Nr. 45, 9–25 (2849 bis 2865); (b) *Deutsche Apotheker Zeitung* 129 (1989), 2109 f. [Referat].

Nicolaus Copernicus. Astronomie und Weltbild an der Wende zur Neuzeit. In: Hartmut Boockmann / Bernd Möller / Karl Stackmann (Hrsgg.): Lebenslehren und Weltentwürfe im Übergang vom Mittelalter zur Neuzeit. Bericht über Kolloquien der Kommission zur Erforschung der Kultur des Spätmittelalters 1983 bis 1987. (Abhandlungen der Akademie der Wissenschaften in Göttingen. Philologisch-Historische Klasse, 3. Folge, Nr. 179) Göttingen: Vandenhoeck & Ruprecht 1989, S. 282–335.

1990:

Astronomie als Gottesdienst: Die Erneuerung der Astronomie durch Johannes Kepler. In: Wilfried Seidel (Hrsg.): Mensch und Kosmos. OÖ. Landesausstellung Linz 1990. (Kataloge des OÖ. Landesmuseums, N.F. 33) Linz 1990, Bd 1, S. 132–151.

Des Menschen Stellung im Universum. Ein Kapitel abendländischer Wissenschaftsgeschichte. In: Wilfried Seipel (Hrsg.): Mensch und Kosmos. OÖ. Landesausstellung Linz 1990. (Kataloge des OÖ. Landesmuseums, N.F. 33) Linz 1990, Bd 1, S. 361–376.

Johannes Hevelius. In: Literatur Lexikon. Autoren und Werke deutscher Sprache. Hrsg. von Walther Killy. Bd 5, Gütersloh/München: Bertelsmann Lexikon Verlag 1990, S. 291 f.

Johannes Kepler. In: Literatur Lexikon. Autoren und Werke deutscher Sprache. Hrsg. von Walther Killy. Bd 6, Gütersloh/München: Bertelsmann Lexikon Verlag 1990, S. 281–284.

Martin Heinrich Klaproth. In: Ebenda, S. 347 f.

Nikolaus Kopernikus. In: Ebenda, S. 491–493.

Johann Tobias Mayer d. Ä. In: Literatur Lexikon. Autoren und Werke deutscher Sprache. Hrsg. von Walther Killy. Bd 8, Gütersloh/München: Bertelsmann Lexikon Verlag 1990, S. 33.

Simon Mayr. In: Ebenda, S. 35 f.

Heinrich Wilhelm Matthias Olbers. In: Ebenda, S. 497.

Johannes de Sacrobosco (Johannes 169). In: Lexikon des Mittelalters. Bd 5, Lfg. 3, München/Zürich: Artemis 1990, Sp. 598–599.

(Mit Ulrich Stoll:) 25 Jahre Institut für Geschichte der Pharmazie der Philipps-Universität Marburg/Lahn 1965–1990. Ein Bericht. Marburg: Institut für Geschichte der Pharmazie 1990. 78 Seiten.
   [Rezension: P. Bachoffner, in: *Revue d'Histoire de la Pharmacie* 38 (1991), Nr. 288, 25–27.]

Die Zahlen des Kosmos – Platon und die pythagoreische Lehre. In: „Und sie bewegt sich doch" – Die wissenschaftliche Eroberung des Kosmos. Sendereihe des Hessischen Rundfunks. Erstsendung: 12.3.1989, HR 1, 10^{00}–10^{30}, und HR 2, 17^{00}–17^{30}.

Die Zahlen des Kosmos – Platon und die pythagoreische Lehre. In: Uwe Schultz (Hrsg.): Scheibe, Kugel, Schwarzes Loch. Die wissenschaftliche Eroberung des Kosmos. München: C. H. Beck 1990, S. 71–85 und 336 bis 338; Tb: (insel taschenbuch 1804) Frankfurt am Main: Insel/KNO 1996, S. 71–85 und 336–338.
   [Rezension: H. Mayer, in: *Frankfurter Allgemeine Zeitung* vom 28. XII. 1991.]

Die Mathematisierung des Kosmos. In: Klaus Döring / Georg Wöhrle (Hrsgg.): Vorträge des ersten Symposiums des Bamberger Arbeitskreises „Antike Naturwissenschaft und ihre Rezeption" (AKAN). (GRATIA – Bamberger Schriften zur Renaissanceforschung, Heft 21) Wiesbaden: Otto Harrassowitz 1990, S. 33–63.

Mechanik – zur begrifflichen Bestimmung (Antike und 17. Jahrhundert). *Österreichische Ingenieur- und Architekten-Zeitschrift* 135 (1990), Heft 10, 470–477.

Lise Meitner (7. XI. 1878 – 27. X. 1968). In: Willi Schmidt / Christoph J. Scriba (Hrsgg.): Frauen in den exakten Naturwissenschaften. Festkolloquium zum 100. Geburtstag von Frau Dr. Margarethe Schimank (1890–1983). (Beiträge zur Geschichte der Wissenschaft und der Technik, Heft 21) Stuttgart: F. Steiner 1990, S. 33–70.
   [Rezension: M.-E. Hilger, in: *Sudhoffs Archiv* 77 (1993), 123.]

La fisica e il suo divenire. Sull'*esperienza storica* della conoscenza fisica. Traduzione di Franco Voltaggio. Introduzione all'edizione italiana di Salvo D'Agostino. (Metodologia delle scienze e filosofia del linguaggio) Roma: Armando Armando 1990. 224 Seiten [ursprünglich deutsch 1982].

Strassmann, Friedrich Wilhelm (Fritz). In: Frederic L. Holmes (Editor in Chief): Dictionary of Scientific Biography. Vol. 18: Supplement II. New York: Charles Scribner's Sons (1990), S. 880–887.

1991:

Wilhelm Ostwald. In: Literatur Lexikon. Autoren und Werke deutscher Sprache. Hrsg. von Walther Killy. Bd 9, Gütersloh/München: Bertelsmann Lexikon Verlag 1991, S. 23 f.

Johann Christian Poggendorff. In: Ebenda, S. 197.
Johannes Regiomontanus. In: Ebenda, S. 334–336.
Jeremias Benjamin Richter. In: Ebenda, S. 433 f.
Adam Riese. In: Ebenda, S. 466.
Christoph Rothmann. In: Literatur Lexikon. Autoren und Werke deutscher Sprache. Hrsg. von Walther Killy. Bd 10, Gütersloh/München: Bertelsmann Lexikon Verlag 1991, S. 46.
Christoph Scheiner. In: Ebenda, S. 183 f.
Michael Stifel. In: Literatur Lexikon. Autoren und Werke deutscher Sprache. Hrsg. von Walther Killy. Bd 11, Gütersloh/München: Bertelsmann Lexikon Verlag 1991, S. 200 f.
Albrecht Thaer. In: Ebenda, S. 325 f.
The New Celestial Physics of Johannes Kepler. In: Sabetai Unguru (Ed.): Physics, Cosmology and Astronomy, 1300–1700: Tension and Accomodation [International Workshop at Tel Aviv University and The Van Leer Jerusalem Foundation, April 29 – May 2, 1984]. (Boston Studies in the Philosophy of Science, Vol. 126) Dordrecht/Boston/London: Kluwer Academic Publishers 1991, S. 185–227.
Erfahrung und Vorurteil im naturwissenschaftlichen Denken Johannes Keplers. *Berichte zur Wissenschaftsgeschichte* 14 (1991), 73–96.
Johannes Kepler und das abendländische Wissenschaftsbild. In: Roman Sandgruber/Friedrich Schneider (Hrsgg.): Interdisziplinarität heute. Kepler und die modernen Wissenschaften. (Johannes Kepler Universität Linz, 2. Kepler Symposium). Linz: Johannes Kepler Universität 1991, S. 15–31.
Technik und Naturwissenschaft in Antike und Mittelalter. In: Armin Hermann/Charlotte Schönbeck (Hrsgg.): Technik und Wissenschaft. (Technik und Kultur, Bd 3) Düsseldorf: VDI-Verlag 1991, S. 220–239.
Geleitwort zu: Albert Krayer: Mathematik im Studienplan der Jesuiten. Die Vorlesung von Otto Catenius an der Universität Mainz (1610/11). (Beiträge zur Geschichte der Universität Mainz, Bd 15) Stuttgart: F. Steiner 1991, S. 431–434.
Humanismus – Naturwissenschaft – Technik. Europa vor der Spaltung in zwei Kulturen des Geistes. In: Georg Kauffmann (Hrsg.): Die Renaissance im Blick der Nationen Europas [Vorträge des 21. Wolfenbütteler Symposions vom 2. bis 5. November 1987 in der Herzog August Bibliothek, Wolfenbüttel]. (Wolfenbütteler Abhandlungen zur Renaissanceforschung, Bd 9) Wiesbaden: Harrassowitz 1991, S. 355–380.
Otto Hahn und die Kernchemie. Der Sprung ins Atomzeitalter. Mannheim: Landesmuseum für Technik und Arbeit 1991 [1992]. 2°, 35 Seiten mit 13 Abbildungen.
Der lange Weg zum Apothekenwahrzeichen. *Pharmazeutische Zeitung* 136 (1991), Nr. 43, 49–56 (3037–3044).

(Mit Holger Goetzendorff:) Apotheken-A. Der lange Weg einer Identitätsfindung. *Deutsche Apotheker Zeitung* 131 (1991), Nr. 43, 2232–2238.

1992:

(Mit Werner Friedrich Kümmel / Gunter Mann †:) Gunter Mann (12. August 1924–16. Januar 1992) – Rückblicke auf ein erfülltes Leben für die Medizin- und Wissenschaftsgeschichte. *Berichte zur Wissenschaftsgeschichte* 15 (1992), 1–25.

Naturforschung im Umbruch: Otto von Guericke in seiner Zeit. (Monumenta Guerickiana 12). *Wissenschaftliche Zeitschrift der technischen Universität "Otto von Guericke" Magdeburg* 36 (1992), 110–114.

Wilhelm Eduard Weber. In: Literatur Lexikon. Autoren und Werke deutscher Sprache. Hrsg. von Walther Killy. Bd 12, Gütersloh/München: Bertelsmann Lexikon Verlag 1992, S. 169.

Abraham Gottlob Werner. In: Ebenda, S. 256 f.

Tertius interveniens. Johannes Keplers Bemühungen um eine Reform der Astrologie. In: August Buck (Hrsg.): Okkulte Wissenschaften in der Renaissance [Vorträge, gehalten anläßlich einer Tagung des Wolfenbütteler Arbeitskreises für Renaissanceforschung vom 31. Oktober bis 2. November 1988]. (Wolfenbütteler Abhandlungen zur Renaissanceforschung, Bd 12) Wiesbaden: Otto Harrassowitz in Komm. 1992, S. 197–225.

Das Bild vom Kosmos im Wandel der Zeit. In: Johannes K. W. Willers u.a. (Hrsgg.): Focus Behaim Globus. Germanisches Nationalmuseum, Nürnberg, 2. Dezember 1992 bis 28. Februar 1993. (Ausstellungskataloge des Germanischen Nationalmuseums) Teil 1: Aufsätze. Nürnberg: Verlag des Germanischen Nationalmuseums 1992, S. 39–54.

Natur–Wissenschaft–Geschichte: Zum Historischen Erfahrungsraum von Naturwissenschaft. *Ulmensien – Schriftenreihe der Universität Ulm* 5 (1992), 93–104.

Geleitwort zu: Peter Laupheimer: Phlogiston oder Sauerstoff. Die Pharmazeutische Chemie in Deutschland zur Zeit des Übergangs von der Phlogiston- zur Oxidationstheorie. Mit einem Geleitwort von Fritz Krafft. (Quellen und Studien zur Geschichte der Pharmazie, Bd 63) Stuttgart: Wissenschaftliche Verlagsgesellschaft 1992, S. I–II.

Geleitwort zu: Annette Diekmann[-Müller]: Klassifikation – System – ‚scala naturae'. Das Ordnen der Objekte in Naturwissenschaft und Pharmazie zwischen 1700 und 1850. Mit einem Geleitwort von Fritz Krafft. (Quellen und Studien zur Geschichte der Pharmazie, Bd 64) Stuttgart: Wissenschaftliche Verlagsgesellschaft 1992, S. III–IV.

Geleitwort zu: Holger Goetzendorff: Von der Selbsthilfe zur Selbstverwaltung. Entstehungsgeschichte der Apothekerkammer Nordrhein (1945–1953). Mit zahlreichen Abbildungen und Tabellen sowie einem Geleitwort von Fritz Krafft. (Quellen und Studien zur Geschichte der Pharmazie, Bd 66) Stuttgart: Wissenschaftliche Verlagsgesellschaft 1992, S. I–II.

1993:

Natur–Wissenschaft–Geschichte. Zum ‚Erfahrungsraum' von Naturwissenschaft. *Pharmazeutische Zeitung* 138 (1993), Nr. 1, 9–18 (7–16).

Geleitwort zu: Sabine Ernst: Lise Meitner an Otto Hahn. Briefe aus den Jahren 1912 bis 1924. Edition und Kommentierung. Mit einem Geleitwort von Fritz Krafft. (Quellen und Studien zur Geschichte der Pharmazie, Bd 65) Stuttgart: Wissenschaftliche Verlagsgesellschaft 1992 [erschienen 1993], S. I–III.

Geleitwort zu: Bernhard Müller: Militärpharmazie in Deutschland bis 1945. (Quellen und Studien zur Geschichte der Pharmazie, Bd 68) Stuttgart: Wissenschaftliche Verlagsgesellschaft 1993, S. V–VI.

Wissenschaft–Mathematik–Technik: Ihre Wechselwirkung in der Antike. *Berichte zur Wissenschaftsgeschichte* 16 (1993), 129–149.

Von Freud und Leid beim Gestalten des Wissenschaftlichen Programms eines Weltkongresses. (XVIIIth International Congress of History of Science, Hamburg-München, 1.–9. August 1989). *Berichte zur Wissenschaftsgeschichte* 16 (1993), 183–193.

Science and Political Order/Wissenschaft und Staat. In: Fritz Krafft / Christoph J. Scriba (Eds.): XVIIIth International Congress of History of Science, Hamburg–Munich 1st–9th August 1989. Final Report. (Sudhoffs Archiv, Beiheft 30) Stuttgart: Franz Steiner 1993, S. 11–17.

Symposia: Reports of Their Organizers. Introductory Remarks by the Chairman of the Program Committee. In: Ebenda, S. 89–94.

Geschichte der (spekulativen) Atomistik bis John Dalton. (Vorlesungen im SS 1991, WS 1991/92 und SS 1992). Marburg: Institut für Geschichte der Pharmazie der Philipps-Universität 1993. IV, 233 Seiten.

apothecarius: idiota sive academicus. Die Apothekerausbildung aus historischer Sicht. *Archiv der Pharmazie* 326 (1993), Heft 9, 566 (vgl. die Berichte in: *Deutsche Apotheker Zeitung* 133 [1993], 3508, und *Pharmazeutische Zeitung* 138 [1993], 2988 f.)

1994:

Des Menschen Stellung im Universum. Ein Kapitel abendländischer Wissenschaftsgeschichte. In: Peter Borscheid / Gernot Frenking / Fritz Krafft / Manfred Sommer (Hrsgg.): Bausteine 1988–1994. Antrittsvorlesungen neuberufener Professoren der Philipps-Universität Marburg während der Amtszeit von Professor Dr. Dietrich Simon. Marburg (Privatdruck der ‚Liste Unabhängiger Professoren') 1994, S. 82–89.

Apothecarius: idiota sive academicus. Zur Apothekerausbildung. Teil I/II. *Pharmazeutische Zeitung* 139 (1994), Nr. 31, 9–17 (2445–2453) / Nr. 33, 9–14 (2595–2600).

Die Einheit der Welt [Bericht]. *zur debatte. Themen der Katholischen Akademie in Bayern* 24 (1994), Nr. 1, 12.

Alexander von Humboldts „Mineralogische Beobachtungen über einige Basalte am Rhein" und die Neptunismus-Vulkanismus-Kontroverse um die Basalt-Genese. In: Studia Fribergensia. Vorträge des Alexander-von-Humboldt-Kolloquiums in Freiberg vom 8. bis 10. November 1991 aus Anlaß des 200. Jahrestages von A. v. Humboldts Studienbeginn an der Bergakademie Freiberg. (Beiträge zur Alexander-von-Humboldt-Forschung, Bd 18) Berlin: Akademie Verlag 1994, S. 117–150.

Standorte: Mensch und Kosmos. In: Bernd Ernsting (Hrsg.): Georgius Agricola Bergwelten 1494 1994. Katalog der Ausstellung des Schloßbergmuseums Chemnitz und des Deutschen Bergbau-Museums Bochum in Zusammenarbeit mit den Städtischen Kunstsammlungen Chemnitz. Chemnitz: Bergbaumuseum 1994, S. 27–30 / (Veröffentlichungen aus dem Bergbau-Museum Bochum, Bd 55) Essen: Ed. Glückauf 1994, S. 27–30.

Agricola und die Medizin und Pharmazie. In: Ebenda, S. 71–73.

Die Copernicanische Revolution. *Antike und Abendland* 40 (1994), 1–30.

Hypothese oder Realität: Der Wandel der Deutung mathematischer Astronomie bei Copernicus. In: Gudrun Wolfschmidt (Hrsg.): Nicolaus Copernicus (1473–1543). Revolutionär wider Willen. Stuttgart: Verlag für Geschichte der Naturwissenschaften und der Technik 1994, S. 102–115.

Agricola und die Pharmazie. (a) In: Friedrich Naumann (Hrsg.): Georgius Agricola – 500 Jahre. Wissenschaftliche Konferenz vom 25.–27. März 1994 in Chemnitz, Freistaat Sachsen. Veranstaltet von der Technischen Universität Chemnitz/Zwickau und der Georg-Agricola-Gesellschaft zur Förderung der Geschichte der Naturwissenschaften und der Technik e.V. Basel usw.: Birkhäuser 1994, S. 465–476; (b) *Geschichte der Pharmazie. DAZ-Beilage* 46 (1994), Nr. 3, 25–31.

Agricola und der Basalt. In: Friedrich Naumann (Hrsg.): Georgius Agricola – 500 Jahre. Wissenschaftliche Konferenz vom 25.–27. März 1994 in Chemnitz, Freistaat Sachsen. Veranstaltet von der Technischen Universität Chemnitz/Zwickau und der Georg-Agricola-Gesellschaft zur Förderung der Geschichte der Naturwissenschaften und der Technik e.V. Basel/Boston/Berlin: Birkhäuser 1994, S. 105–115.

Vorwort zu: 15 Jahre Berichte zur Wissenschaftsgeschichte. Indizes zu Band 1 (1978) – Band 15 (1992). Bearbeitet von Ulrich Stoll, herausgegeben von Fritz Krafft. (Berichte zur Wissenschaftsgeschichte, Bd 17, Heft 4) Weinheim / New York: VCH Verlagsgesellschaft (später: Wiley-VCH) 1994, S. III–IV.

Geleitwort zu: Christine Billig: Pharmazie und Pharmaziestudium an der Universität Gießen. Mit einem Geleitwort von Fritz Krafft. (Quellen und Studien zur Geschichte der Pharmazie, Bd 67) Stuttgart: Wissenschaftliche Verlagsgesellschaft 1994, S. V–VI.

Geleitwort zu: Martine Strobel: Asthma bronchiale. Die Geschichte seiner medikamentösen Therapie bis zum Beginn des 20. Jahrhunderts. Mit einem Geleitwort von Fritz Krafft. (Quellen und Studien zur Geschichte der Pharmazie, Bd 70) Stuttgart: Wissenschaftliche Verlagsgesellschaft 1994, S. III–IV.

1995:

Die Copernicanische Revolution. In: Hildegard Kuester (Hrsg.): Das sechzehnte Jahrhundert. Europäische Renaissance. (Eichstätter Kolloquium, Bd 2) Regensburg: Verlag Friedrich Pustet 1995, S. 181–214.

Des Nicolaus Copernicus Bemühungen um die Bestimmung der Länge des Tropischen Jahres. Zur Chronologie copernicanischer Astronomie. In: Bernhard Fritscher/Gerhard Brey (Hrsgg.): Cosmographica et Geographica. Festschrift für Heribert M. Nobis zum 70. Geburtstag. (Algorismus, Heft 13) München: Institut für Geschichte der Naturwissenschaften 1994 [1995], 1. Halbband, S. 255–296.

Agricola und die Pharmazie. *Die Technikgeschichte als Vorbild der modernen Technik. Schriftenreihe der Georg-Agricola-Gesellschaft* 19 (1995), 60–72.

Geleitwort zu: Ute Fischer-Mauch: Zum Verhältnis Apotheker/Arzt in Hessen. Bemühungen in Gießen um eine Novellierung der rechtlichen Grundlagen (um 1700). Mit einem Geleitwort von Fritz Krafft. (Quellen und Studien zur Geschichte der Pharmazie, Bd 69) Stuttgart: Wissenschaftliche Verlagsgesellschaft 1995, S. III–IV.

Georgius Agricola. In: Walther Killy (Hrsg.): Deutsche Biographische Enzyklopädie. Bd 1, München usw.: Saur 1995, S. 52–54.

Friedrich Wilhelm Bessel. In: Ebenda, S. 492 f.

(Zusammen mit Ulrich Stoll:) Institut für Geschichte der Pharmazie der Philipps-Universität Marburg/Lahn 1965–1995. Ein Bericht. Zweite, durchgesehene und erweiterte sowie bis 1995 ergänzte Auflage. Bearbeitet von Fritz Krafft und Ulrich Stoll. Marburg: Institut für Geschichte der Pharmazie 1995. 111 Seiten.

[Rezension: M. Herold, in: *Drogenreport* 8 (1995), Heft 13, 64.]

Pharmako-Theologie. In: XXXII Congressus Internationalis Historiae Pharmaciae, 25–29 Septembre 1995, Paris. Programme des Manifestations Scientifiques et Culturelles. Paris 1995, S. 101, Abstract N° 154.

Copernicus, Nicolaus. In: Walther Killy (Hrsg.): Deutsche Biographische Enzyklopädie. Bd 2, München usw.: Saur 1995, S. 368–370.

Begrüßung. In: Peter Dilg (Hrsg.): Inter folia fructus. Gedenkschrift für Rudolf Schmitz (1918–1992) mit einer Bibliographie des Marburger Pharmaziehistorikers. Frankfurt am Main/Eschborn: Govi-Verlag 1995, S. 9–16.

Geleitwort zu: Sieglinde Lieberknecht: Die *Canones* des Pseudo-Mesue: Eine mittelalterliche Purgantien-Lehre. Übersetzung und Kommentar. Im Anhang die Versio antiqua in der Druckfassung von 1561. Mit einem Geleitwort von Fritz Krafft. (Quellen und Studien zur Geschichte der Pharmazie, Bd 71) Stuttgart: Wissenschaftliche Verlagsgesellschaft 1995, S. III–IV.

1996:

Albert Einstein und die Folgen aus wissenschaftshistorischer Sicht. *Pharmazeutische Zeitung* 141 (1996), Nr. 6, 11–26 (435–446).

Einstein – und manche der Folgen. Zur fünfzigjährigen Wiederkehr des Zusammenbruchs des Dritten Reichs aus der Sicht der Wissenschaft. In: Die Philipps-Universität Marburg im Nationalsozialismus. Veranstaltungen der Universität zum 50. Jahrestag des Kriegsendes, 8. Mai 1995. Hrsg. vom Konvent der Philipps-Universität Marburg. Marburg: Philipps-Universität 1996, S. 175–201.

[Rezension: M. Dreyer, in: *Hessisches Jahrbuch für Landesgeschichte* 47 (1997), 415–418.]

Otto von Guericke in seiner Zeit. In: Otto von Guerickes Neue (sogenannte) Magdeburger Versuche über den Leeren Raum. Mit einer einleitenden Abhandlung „Otto von Guericke in seiner Zeit" herausgegeben von Fritz Krafft. Düsseldorf: VDI-Verlag (später Berlin usw.: J. Springer) 1996, S. X bis LXXXVIII.

[Rezensionen: F. K., in: *Berichte zur Wissenschaftsgeschichte* 21 (1998), 208; T. von Elsner, in: *Sachsen und Anhalt. Jahrbuch der Historischen Kommission für Sachsen-Anhalt* 22 (1999/2000), 408–410.]

»… der Himmel bewahre Sie vor einer socialistischen Herrschaft!« – Briefe Robert Wilhelm Bunsens an Théophile Jules Pelouze und Henri Victor Regnault aus den Jahren 1841, 1848 und 1851 in der Universitätsbibliothek Marburg, herausgegeben sowie in das politische und wissenschaftliche Zeitgeschehen eingeordnet von Fritz Krafft. (Schriften der Universitätsbibliothek Marburg, 74) Marburg: Universitätsbibliothek 1996. 136 Seiten.

[Rezensionen: S. Lotze, in: *Zeitschrift des Vereins für Hessische Geschichte und Landeskunde* 101 (1996), 283 f.; [Redaktion] in: *alma mater philippina*, Sommersemester 1997, 28; A. G. Kauertz, in: *Gesnerus* 54 (1997), 301; W. Hade, in: *Angewandte Chemie* 110 (1998), 888; C. Reinhardt, in: *Berichte zur Wissenschaftsgeschichte* 21 (1998), 206; S. Lotze, in: *Isis* 91 (2000), 162 f.]

„Pharmako-Theologie". *Die Pharmazie* 51 (1996), 422–426.

(Mit Stanley Goldberg / Dieter Hoffmann / Alexei B. Kojewnikow / Helmut Rechenberg:) Die erste Kernwaffendetonation am 16. Juli 1945 in Alamogordo, New Mexico – Vorgeschichte, Ereignis, Wirkungen. (Öffentliche Podiumsdiskussion [Einführung und Leitung von Fritz Krafft]). *Berichte zur Wissenschaftsgeschichte* 19 (1996), 157–182.

Otto von Guericke. In: Walther Killy (Hrsg.): Deutsche Biographische Enzyklopädie. Bd 4, München usw.: Saur 1996, S. 245 f.

Otto Hahn. In: Ebenda, S. 332 f.

Friedrich Wilhelm Herschel. In: Ebenda, S. 646 f.

Akustik. In: Hubert Cancik / Helmuth Schneider (Hrsgg.): Der neue Pauly. Enzyklopädie der Antike. Bd 1, Stuttgart/Weimar: J. B. Metzler 1996, Sp. 419–423.

Geleitwort zu: Gisela Dehmel: Die Arzneimittel in der Physikotheologie. Mit einem Geleitwort von Fritz Krafft. (Physikotheologie im historischen Kontext, Bd 5) Münster: LIT Verlag 1996, S. VII–XI.

Geleitwort zu: Evemarie Wolf: Über die Anfänge der Pharmaziegeschichtsschreibung von Johannes Ruellius (1529) bis David Peter Hermann Schmidt (1835). Mit einem Geleitwort von Fritz Krafft. (Quellen und Studien zur Geschichte der Pharmazie, Bd 72) Stuttgart: Wissenschaftliche Verlagsgesellschaft 1996, S. VII–VIII.

(Mit Debripasad Chattopadhyaya / Leslie Gunawardana / Joachim Herrmann / David W. Phillipson / William T. Sanders / Nathan Sivin / Erik Zürcher:) Concepts of Nature, Philosophy and Science. In: Joachim Herrmann / Erik Zürcher (Hrsgg.): History of Humanity: Scientific and Cultural Development [Neubearbeitung der ‚History of the Scientific and Cultural Development of Mankind'. UNESCO 1963 ff.]. Volume III: From the Seventh Century BC to the Seventh Century AD. Paris: UNESCO und London/New York: Routledge 1996, S. 11–24.

(Mit Johannes G. de Casparis / Debiprasad Chattopadhyaya / Leslie Gunawardana / Joachim Herrmann / Michael Loewe / Domenico Musti / David W. Phillipson / William T. Saunders / R. S. Sharma / Nathan Sivin / Erik Zürcher:) Applied Sciences and Technology. In: Ebenda, S. 25–40.

1997:

Wenden in der Pharmazie: Zum Periodisieren ihrer Geschichte. *Geschichte der Pharmazie. DAZ-Beilage* 49 (1997), Nr. 1, 1–11.

Astronomie, A und C. In: Hubert Cancik / Helmuth Schneider (Hrsgg.): Der neue Pauly. Enzyklopädie der Antike. Bd 2, Stuttgart/Weimar: J. B. Metzler 1997, Sp. 126 f. und 130–138.

Basalt – Die Folgen einer falschen Lesung. In: Klaus Döring / Bernhard Herzhoff / Georg Wöhrle (Hrsgg.): Antike Naturwissenschaft und ihre Rezeption. Bd 7, Trier: Wissenschaftlicher Verlag Trier 1997, S. 125–144.

Pharmako-Theologie. In: Manfred Büttner / Frank Richter (Hrsgg.): Forschungen zur Physikotheologie im Aufbruch, III. Naturwissenschaft, Theologie und Musik um 1600: Entstehung der Einzelfächer, Wandlungen innerhalb dieser und Wandlungen in ihren Beziehungen zueinander. Zur Frühzeit der Physikotheologie. Referate des Kongresses in Berlin 1996. (Physikotheologie im historischen Kontext, Bd 4) Münster: LIT Verlag 1997, S. 127–138.

Kepler, Johannes. In: Walther Killy † / Rudolf Vierhaus (Hrsgg.): Deutsche Biographische Enzyklopädie. Bd 5, München usw.: Saur 1997, S. 506 f.

Die Vorsokratiker I: Die Suche nach den Prizipien (6. und 5. Jahrhundert v. Chr.). In: Karl von Meÿenn (Hrsg.): Die großen Physiker. Erster Band: Von Aristoteles bis Kelvin. München: C. H. Beck 1997, S. 26–48, 450–453 und 486–488.

Die Vorsokratiker II: Unveränderliche Elemente und Atome (5. Jahrhundert v. Chr.). In: Ebenda, S. 49–76 und 453–455.

Aristoteles. Ebenda, S. 77–101, 455–458 und 488–491.

Lise Meitner – ein deutsches Frauenschicksal. In: Marianne Hassler / Jürgen Wertheimer (Hrsgg.): Der Exodus aus Nazideutschland und die Folgen. Jüdische Wissenschaftler im Exil. (Attempto Studium generale) Tübingen: Attempto Verlag 1997, S. 32–58.

(Mit Wolfgang Caesar:) Umbrüche der Arzneimitteltherapie [Bericht]. *Berichte zur Wissenschaftsgeschichte* 20 (1997), 221–223.

Naturwissenschaften und Industrie um 1900. I: Neue Horizonte in Physik und Chemie [Bericht]. (a) *Berichte zur Wissenschaftsgeschichte* 20 (1997), 228–229; (b) *AHF Information* Nr. 39 vom 20. 6. 1997.

Anleitung zum Abfassen von Dissertationen und Seminararbeiten. Marburg: Institut für Geschichte der Pharmazie 1997. V, 51 Seiten (ISBN 3-8185-0232-3).

Johannes Kepler als Vertreter einer überkonfessionell orientierten Naturforschung. In: Victoria von Flemming (Hrsg.): Aspekte der Gegenreform. (*Zeitsprünge – Forschungen zur Frühen Neuzeit* 1 [1997], Heft 3/4 – Sonderheft) Frankfurt am Main: Vittorio Klostermann 1997, S. 563–584.

Die Lehre von den vier Säften: Hippokrates und die griechische Medizin. In: Brockhaus-Redaktion (Hrsg.): Säulen, Tempel und Pagoden. Kulturen im antiken Europa und in Asien. (Brockhaus – Die Bibliothek. Kunst und Kultur, Bd 2) Leipzig/Mannheim: F. A. Brockhaus 1997, S. 42–45.

Mathematik als Struktur- und Erkenntnismittel in Natur und Kunst. In: Ebenda, S. 45–49.

Die »arabischen« Wissenschaften. In: Brockhaus-Redaktion (Hrsg.): Herrscher und Heilige. Europäisches Mittelalter und die Begegnung von Orient und Okzident. (Brockhaus – Die Bibliothek. Kunst und Kultur, Bd 3) Leipzig/Mannheim: F. A. Brockhaus 1997, S. 148–151.

Robert Grosseteste, Roger Bacon und Johannes Buridan: Naturwissenschaft und Glaube. In: Ebenda, S. 282–286.

Unverstandene Horaz-Zitate bei Nicolaus Copernicus als Datierungsmittel. *Sudhoffs Archiv* 81 (1997), 139–157.

Echo [1]. In: Hubert Cancik / Helmuth Schneider (Hrsgg.): Der neue Pauly. Enzyklopädie der Antike. Bd 3, Stuttgart/Weimar: J. B. Metzler 1997, Sp. 873.

Elementenlehre. In: Ebenda, Sp. 978–980.

Die Schwere der Luft in der Diskussion des 17. Jahrhunderts: Otto von Guericke. In: Wim Klever (Hrsg.): Die Schwere der Luft in der Diskussion des 17. Jahrhunderts. (Wolfenbütteler Arbeiten zur Barockforschung, Bd 29) Wiesbaden: Harrassowitz i.Komm. 1997, S. 135–170.

[Rezension: A. Kernbauer, in: *Mitteilungen der Österreichischen Gesellschaft für Wissenschaftsgeschichte* 18 (1998), 229 f.]

Geleitwort zu: Eva-Maria Henig: 200 Jahre Pockenimpfstoff in Deutschland. Mit einem Geleitwort von Fritz Krafft. (Quellen und Studien zur Geschichte der Pharmazie, Bd 73) Stuttgart: Wissenschaftliche Verlagsgesellschaft 1997, S. V–VI.

1998:

Geleitwort zu: Annette Josephs: Der Kampf gegen die Unfruchtbarkeit. Zeugungstheorien und therapeutische Maßnahmen von den Anfängen bis zur Mitte des 17. Jahrhunderts. Mit einem Geleitwort von Fritz Krafft. (Quellen und Studien zur Geschichte der Pharmazie, Bd 74) Stuttgart: Wissenschaftliche Verlagsgesellschaft 1998, S. VII–X.

Erdbeben (II, Griechisch-römischer Kulturraum). In: Hubert Cancik/Helmuth Schneider (Hrsgg.): Der neue Pauly. Enzyklopädie der Antike. Bd 4, Stuttgart/Weimar: J. B. Metzler 1998, Sp. 54 f.

Unverstandene Horaz-Zitate bei Nicolaus Copernicus. In: Wolfgang R. Dick/ Jürgen Hamel (Hrsgg.): Beiträge zur Astronomiegeschichte. Bd 1 (Acta Historica Astronomiae, Bd 1), Thun/Frankfurt am Main: Harri Deutsch 1998, S. 14–31.

Meitner, Lise. In: Walther Killy † / Rudolf Vierhaus (Hrsgg.): Deutsche Biographische Enzyklopädie. Bd 6, München usw.: Saur 1998, S. 47 f.

Aufbruch in eine unbekannte Welt: Die Zeit der Entdeckungen. In: Brockhaus-Redaktion (Hrsg.): Der Glanz der Residenzen. Renaissance und Barock in Europa – Die neue Welt. (Brockhaus – Die Bibliothek. Kunst und Kultur, Bd 4) Leipzig/Mannheim: F. A. Brockhaus 1998, S. 77–82.

Die Sonne wird der Mittelpunkt der Welt: Umwälzungen des Weltbildes durch die Wissenschaft. In: Ebenda, S. 93–98.

Geleitwort zu: Günther Gleiche: Die Apotheke im Allgemeinen Krankenhaus St. Georg, Hamburg, 1823–1973. Eine Chronik vor dem Hintergrund des stadtgeschichtlichen, medizinalrechtlichen, medizinischen und naturwissenschaftlichen Geschehens. Mit einem Geleitwort herausgegeben von Fritz Krafft. (Quellen und Studien zur Geschichte der Pharmazie, Bd 75) Stuttgart: Wissenschaftliche Verlagsgesellschaft 1998, S. V–VI.

Cysat, Johann Babtist, S J. In: Laetitia Boehm / Winfried Müller / Wolfgang J. Schmolka / Helmut Zedelmaier (Hrsgg.): Biographisches Lexikon der Ludwig-Maximilians-Universität München. Teil I: Ingolstadt–Landshut 1472–1826. (Münchner Universitätsschriften: Universitätsarchiv / Ludovico Maximilianea. Universität Ingolstadt-Landshut-München, Forschungen und Quellen. Forschungen, Bd 18) Berlin: Duncker & Humblot 1998, S. 77–79.

Fischer, Franz Borgias, S J. In: Ebenda, S. 119 f.

Fuchs, Leonhart. In: Ebenda, S. 135–142.

Hell (Hel), Kaspar, S J. In: Ebenda, S. 175 f.

Lohner, Tobias, S J. In: Ebenda, S. 249 f.

Vintler, Johann Evangelista, SJ. In: Ebenda, S. 454 f.

1999:

Die Vorsokratiker I: Die Suche nach den Prizipien (6. und 5. Jahrhundert v. Chr.). In: Karl von Meÿenn (Hrsg.): Die großen Physiker. Erster Band: Von Aristoteles bis Kelvin. Sonderausgabe München: C. H. Beck 1999 [zuerst 1997], S. 26–48, 450–453 und 486–488.

Die Vorsokratiker II: Unveränderliche Elemente und Atome (5. Jahrhundert v. Chr.). In: Ebenda, S. 49–76 und 453–455.

Aristoteles. Ebenda, S. 77–101, 455–458 und 488–491.

Basalt – am Anfang war es nur ein Wort. Zur Wissenschaftsgeschichte des Geistwortes *„basaltes"*. *Der Anschnitt – Zeitschrift für Kunst und Kultur im Bergbau* 51 (1999), 2–15.

Die Naturforschung der Aufklärung. In: Brockhaus-Redaktion (Hrsg.): Vernunft, Gefühl und Wirklichkeit. Von der Aufklärung zur Moderne. (Brockhaus – Die Bibliothek. Kunst und Kultur, Bd 5) Leipzig/Mannheim: F. A. Brockhaus 1999, S. 85–90.

Die Evolution der Lebensformen – Der Weg zu Charles Darwin. In: Ebenda, S. 157–161.

Im Zeichen des Fortschritts – Die Entstehung des wissenschaftlichen Weltbildes. In: Ebenda, S. 681–685.

Pharmacia, quo vadis? *Pharmazeutische Zeitung* 144 (1999), 851–858 (Nr. 11, 11–18).

Auf dem Wege zu einer neuen Approbationsordnung [Pharmacia, quo vadis? Teil II]. *Pharmazeutische Zeitung* 144 (1999), Nr. 13, 24–28 (1030–1034).

Artikel in: Vorstoß ins Unerkannte. Lexikon großer Naturwissenschaftler. Herausgegeben von Fritz Krafft. Weinheim/New York: Wiley-VCH 1999:

G. Agricola, Airy, Albert der Große, Anaxagoras, Anaximandros, Anaximenes, P. Apian/Ph. Apian, Apollonios von Perge, Archimedes, Archytas, Argelander, Aristarchos von Samos, Aristoteles, Auwers, Averroës, Avicenna, Roger Bacon (mit K.M. Meyer-Abich und D. Koch), al-Battani, Bessel, Biringuccio, al-Biruni, H. Bock /O. Brunfels, Bonnet, Borelli, Bradley, Brahe, de Broglie (mit K.M. Meyer-Abich und D. Koch), R. Camerarius, G.D. Cassini, Cavendish, Celsius, Cesalpino, Chandler, Chladni (mit K.H. Wiederkehr), Clairault, Clausius, Columbus (mit Ä. Bäumer-Schleinkofer), Copernicus, Correns, Marie Curie, Cuvier (mit K. M. Meyer-Abich und D. Koch), Demokritos, Dioskurides, Domagk, Doppler, Emil DuBois-Reymond, Eddington, Ehrlich, Einstein (mit K.M. Meyer-Abich und D. Koch), Empedokles, Encke, Epikuros, Eratosthenes, Eudoxos, Euklid, Emil Fischer, Flamsteed, Fleming, Fraunhofer (mit K.H. Wiederkehr), Fuchs, Galenos (mit Ä. Bäumer-Schleinkofer), Galilei, Gesner, W. Gilbert, Grosseteste, von Guericke, Hahn, Ibn al-Haitham, Hale, Halley, Harvey (mit K.M. Meyer-Abich), Oscar Hertwig, Hekataios, van Helmont, Heron von Alexandria, W. Herschel /J. Herschel, Hertzsprung, Hevelius, Hipparchos, Hubble, Huggins, al-Idrisi, Jeans, Jordanus Saxo/Nemorarius, Jungius, Kant, Kapteyn, Kepler, Kircher, Koch, Koelreuter (mit A. Geus), Leonardo da Vinci, Libavius, Lockyer, Lomonossow (mit Ä. Bäumer-Schleinkofer), J.T. Mayer, Mayr, Lise Meitner, Gerardus Mercator, Milne, Oken (mit K.M. Meyer-Abich und D. Koch), Olbers, Nikolaus von Kues, Nicole Oresme, Ørsted, Paracelsus (mit Ä. Bäumer-Schleinkofer), Parmenides, Pawlow, Peurbach, Piazzi, Pickering, Platon, Plinius, Poseidonios, Ptolemaios, Pythagoras, Riccioli, J.W. Ritter, Rømer, Scheiner, Schiaparelli, Schwann, Schwarzschild, Secchi, von Seeliger, Sennert, Shapley, Snellius, Staudinger, Stensen, Strabon, W. Struve/O. Struve, Thabit Ibn Qurra, Thales von Milet, Theophrastos, Varenius, Vesalius, Virchow, H.C. Vogel, Otto Warburg, A.G. Werner, A. Werner, Wilhelm IV. von Hessen-Kassel, Wilhelm von Ockham, Willstätter, Wilson, Windaus, M. Wolf; Zeittabelle, Synoptische Übersicht.

[Rezensionen: J. Möller-Buchner, in: *dpa-Wissenschaftsdienst*, Ausgabe 9/99, Nr. 37 (13.09.1999); S. Blohm, in: *Laborjournal*, Nr. 10/1999, 66 f.; S. Hendrich, in: *Informationsmittel für Bibliotheken (IFB). Besprechungsdienst und Berichte* 7 (1999), 737 f.; Enderle, in: *ekz-Informationsdienst* L 14/1999; N. N., in: *Nachrichten aus Chemie, Technik und Laboratorium* 47 (1999), Heft 11, 1047; nlo, in: *Die Welt* vom 3.01.2000, Rubrik: Wissenschaft; K. Walter, in: *Marburger UniJournal* 4 (Januar 2000), 40; W. R. Dick, in: *Beiträge zur Astronomiegeschichte* 3 (2000), 240 f.; N. N., in: *lesenswertes* (Gutachter-Ausschuss für Schulbuchbibliotheken in Bayern), Nr. 1/2000; J. Möller-Buchner, in: *Mathematik in der Schule* 38 (2000), Nr. 1; U. Raich, in: *Beton- und Stahlbetonbau* 95 (2000), Nr. 1; H. J. Kuhn, in: *EPA Newsletter* (European Photochemistry Association) 67 (2000); D. H. Storch, in: *Zentralblatt für Geologie und Paläontologie, Teil I: Paläontologie*, Nr. 1-2 /2000; D. H. Storch, in: *Naturwissenschaftliche Rundschau* 53 (2000), Nr. 6; Redaktion, in: *DAAD Letter. Hochschule und Ausland* 21 (2000), Nr. 3; H. Kant, in: *Chemie in unserer Zeit* 34 (2000), Nr. 4, 264; Bisping, in: *Berliner und Münchner Tierärztliche Wochenzeitschrift*, Nr. 9/2000; U. von Rauchhaupt, in: *Physikalische Blätter* 56 (2000), Nr. 9, 75 f.; A. Nowak, in:

CHEMKON – Forum für Unterricht und Didaktik 8 (2001), Nr. 2; T. Koetsier, in: *Zentralblatt MATH. Zentralblatt für Mathematik und ihre Grenzgebiete* (2001), Nr. 5 (siehe auch Zbl. Math. 990.59356); R. Demuth, in: *Praxis der Naturwissenschaften / Chemie in der Schule* 50 (2001), Nr. 3]

»...denn Gott schafft nichts umsonst!« Das Bild der Naturwissenschaft vom Kosmos im historischen Kontext des Spannungsfeldes Gott–Mensch – Natur. (Natur–Wissenschaft–Theologie. Kontexte in Geschichte und Gegenwart, Bd 1) Münster: LIT Verlag 1999. X und 234 Seiten.

[Rezensionen: F. Richter, in: *Berichte zur Wissenschaftsgeschichte* 23 (2000), 384–390; W. Achtner, in: *Theologische Literaturzeitung* 125 (2000), Nr. 10, 1060–1066; K. Walter, in: *Marburger UniJournal* 8 (Januar 2001), 41; N. N., in: *Lebendiges Zeugnis*, Nr. 1/2001; J. Hamel, in: *Beiträge zur Astronomiegeschichte* 4 (2001), 243 f.]

»Die Arznei kommt vom Herrn, und der Apotheker bereitet sie« – Biblische Rechtfertigung der Apothekerkunst im Protestantismus: Apotheken-Auslucht in Lemgo und Pharmako-Theologie. (Quellen und Studien zur Geschichte der Pharmazie, Bd 76) Stuttgart: Wissenschaftliche Verlagsgesellschaft in Komm. 1999. VII und 144 Seiten mit 20 Abbildungen.

[Rezension: W.-H. Hein, in: *Pharmaziehistorische Bibliographie* 8 (2000), 35 f.; H. Grössing, in: *Mensch – Wissenschaft – Magie. Mitteilungen der Österreichischen Gesellschaft für Wissenschaftsgeschichte* 20 (2000 [2001]), 290 f.; W.-H. Hein, in: *Berichte zur Wissenschaftsgeschichte* 24 (2001), 56; F. Ledermann, in: *Revue d'Histoire de la Pharmacie* 49 (2001), 246 f.; I. Fohmann, in: *Propack Expo: Marktplatz für Prozess- und Verpackungstechnik.* Buchforum 2001 (http://www.propackexpo.de/fs/pharmaforum)]

Zur Philologie- und Naturwissenschaftsgeschichte des Basalts. In: Wilhelm Kühlmann / Wolf-Dieter Müller-Jahncke (Hrsgg.): Iliaster. Literatur und Naturkunde in der frühen Neuzeit. Festgabe für Joachim Telle zum 60. Geburtstag. Heidelberg: Manutius Verlag 1999, S. 99–130.

[Rezension: Ch. D. Gunnoe, in: *Isis* 92 (2001), 760 f.]

Ktesibios [1]. In: Hubert Cancik / Helmuth Schneider (Hrsgg.): Der neue Pauly. Enzyklopädie der Antike. Bd 6, Stuttgart/Weimar: J. B. Metzler 1999, Sp. 876–878.

(Mit Eva-Maria Henig:) Pockenimpfstoffe in Deutschland. *Pharmazeutische Zeitung* 144 (1999), Nr. 38, 11–18, und Nr. 45, 88 (3005–3012, 3734).

Das Reisen ist des Chemikers Lust – auf den Spuren Robert Bunsens. Zu Robert Wilhelm Bunsens 100. Todestag. *Berichte zur Wissenschaftsgeschichte* 22 (1999), 217–238.

Zwischen Aristoteles und Isaac Newton: Auf dem Wege zum Konzept einer Allgemeinen Gravitation. (Monumenta Guerickiana 50). *Monumenta Guerickiana – Zeitschrift der Otto-von-Guericke-Gesellschaft* 6 (1999), 3–23.

Mechanik. In: Hubert Cancik / Helmuth Schneider (Hrsgg.): Der neue Pauly. Enzyklopädie der Antike. Bd 7, Stuttgart/Weimar: J. B. Metzler 1999, Sp. 1084–1088.

Die Herkunft des Bildmotivs ‚Christus als Apotheker' / L'origine del motivo iconografico ‚Cristo farmacista' [Abstract]. In: 34° Congressus Internationalis Historiae Pharmaciae, Firenze 20–23 Ottobre 1999. Atti e memorie. Florenz 1999, S. 123 (Abstrakt).

2000:
Eine ‚neue' Christus-als-Apotheker-Darstellung von Michael Herr. Überlegungen zur Herkunft des Bild-Motivs. *Geschichte der Pharmazie – DAZ-Beilage* 52 (2000), Nr. 1/2, 2–15.
Eine moderne Pharmaziegeschichte. *Geschichte der Pharmazie – DAZ-Beilage* 52 (2000), Nr. 1/2, 27–31.
Geleitwort zu: Clemens Stoll: Die Apotheken am bayerischen Untermain. Eine pharmaziehistorische Dokumentation vom Beginn der Neuzeit bis zum Ende der Personalkonzession 1949. Mit einem Geleitwort von Fritz Krafft herausgegeben von Ulrich Stoll. (Quellen und Studien zur Geschichte der Pharmazie, Bd 77) Stuttgart: Wissenschaftliche Verlagsgesellschaft in Komm. 2000, S. V–VII.
Geleitwort zu: Sabine Anagnostou: Jesuiten in Spanisch-Amerika als Übermittler von heilkundlichem Wissen. Mit einem Geleitwort von Fritz Krafft. (Quellen und Studien zur Geschichte der Pharmazie, Bd 78) Stuttgart: Wissenschaftliche Verlagsgesellschaft in Komm. 2000, S. VII–VIII.
(Mit Sabine Anagnostou:) Pharmazie und Mission. Jesuiten in Spanisch-Amerika als Heilkundige und Pharmazeuten. *Pharmazeutische Zeitung* 145 (2000), 2511–2518 (Nr. 31, 11–18).
Guericke, Otto von. In: Wilbur Applebaum (Ed.): Encyclopedia of the Scientific Revolution from Copernicus to Newton. New York/London: Garland Publishing Inc. 2000, S. 277–279.
Naturwissenschaftsgeschichte und Historische Naturwissenschaft. *Mensch – Wissenschaft – Magie. Mitteilungen der Österreichischen Gesellschaft für Wissenschaftsgeschichte* 20 (2000 [2001]), 5–36, mit 9 Abbildungen.

2001:
Christus als Apotheker. Ursprung, Aussage und Geschichte eines christlichen Sinnbildes. (Schriften der Universitätsbibliothek Marburg, Bd 104) Marburg: Universitätsbibliothek 2001. X und 286 Seiten mit 12 Farb- und 27 Schwarz-Weiß-Abbildungen.
[Rezensionen: dö, in: *Marburger Neue Zeitung* vom 19.07.2001, Rubrik: Stadt und Land, 17; P. H. Graepel, in: *Deutsche Apotheker Zeitung* 141 (2001), 4996 (Nr. 42, 146); M. Scharfe, in: *Berichte zur Wissenschaftsgeschichte* 24 (2001), 296–298.]
Naturwissenschaften II: Physik als Wissenschaft von der Natur. In: Manfred Landfester / Hubert Cancik / Helmuth Schneider (Hrsgg.): Der Neue Pauly.

Rezeptions- und Wissenschaftsgeschichte. Bd 15, Stuttgart/Weimar: J. B. Metzler 2001, Sp. 780–789.

Naturwissenschaften III: Astronomie. In: Ebenda, Sp. 790–803.

Naturwissenschaften IV: Mechanik. In: Ebenda, Sp. 803–822.

Die Herkunft des Bildmotivs 'Christus als Apotheker'. In: 34° Congressus Internationalis Historiae Pharmaciae, Firenze 20–23 Ottobre 1999. Acta. Florenz 2001, S. 257.

Der Standerker der Rats-Apotheke in Lemgo (1611/12) – Künstlerisches Zeugnis für ein neues Medizin- und Pharmazieprogramm. In: 35. Internationaler Kongress für Geschichte der Pharmazie, Luzern (Schweiz) 19.–22.9.2001, organisiert durch die Schweizerische Gesellschaft für Geschichte der Pharmazie [Programm und Abstracts]. Luzern 2001, S. 95 f.

Geleitwort zu: Carsten Gerd Dirks: Militärpharmazie in Deutschland nach 1945. Bundeswehr und Nationale Volksarmee im Vergleich. Mit einem Geleitwort von Fritz Krafft. (Quellen und Studien zur Geschichte der Pharmazie, Bd 78) Stuttgart: Wissenschaftliche Verlagsgsellschaft in Komm. 2001, S. VII–IX.

Arzneien »umb sonst und on gelt« aus Christi Himmelsapotheke. *Pharmazeutische Zeitung* 146 (2001), 4440–4447 (Nr. 51/52, 10–17).

325 Jahre *Experimenta nova (ut vocantur) Magdeburgica* Otto von Guerickes: Aus der Entstehungsgeschichte eines wissenschaftlichen Buches. (Monumenta Guerickiana 69). *Monumenta Guerickiana – Zeitschrift der Otto-von-Guericke-Gesellschaft* 8 (2001), 3–12.

2002 (teilweise noch im Druck):

(Mit Carsten G. Dirks:) Wehrpharmazie im Nachkriegs-Deutschland. Ein Vergleich von Bundeswehr und Nationaler Volksarmee. *Pharmazeutische Zeitung* 147 (2002), 304–310 (Nr. 5, 10–16).

Johann Christian Wiegleb und seine Rolle bei der Verwissenschaftlichung der Pharmazie. In: Christoph Friedrich / Wolf-Dieter Müller-Jahncke (Hrsgg.): Apotheke und Universität. Die Vorträge der Pharmaziehistorischen Biennale in Leipzig vom 12. bis 14. Mai 2000 und der Gedenkveranstaltung „Wiegleb 2000" zum 200. Todestag von Johann Christian Wiegleb (1732–1800) am 15. und 16. März 2000 in Bad Langensalza. (Veröffentlichungen zur Pharmaziegeschichte, Bd 2) Stuttgart: Wissenschaftliche Verlagsgesellschaft 2002, S. 151–195.

(Hrsg.): Ein pharmazeutisches Erinnerungsblatt (von Klaus Meyer, Oelde). *Geschichte der Pharmazie – DAZ-Beilage* 54 (2002), Nr. 1, 9–12.

(Mit Christoph Friedrich:) „Professor-Rudolf-Schmitz-Studienstiftung" am Institut für Geschichte der Pharmazie. (a) *Deutsche Apotheker Zeitung* 142 (2002), 2489 f. (Nr. 20, 65 f.), (b) *Pharmazeutische Zeitung* 147 (2002), 2222 (Nr. 20, 80), (c): *Marburger UniJournal* Nr. 12 / Juli 2002, 18.

Anleitung zum Abfassen von Dissertationen und Seminararbeiten. Zweite, durchgesehene und aktualisierte Auflage, Marburg: Institut für Geschichte der Pharmazie 2002. VII und 62 Seiten, ISBN 3-8185-0354-0.

Apothekenerker von Lemgo: Künstlerisches Zeugnis für ein Reformprogramm der Pharmazie. *Pharmazeutische Zeitung* 147 (2002), 2860–2865 (Nr. 28, 44–49).

Pharmazie und Theologie. Von den verschiedenen Sinnebenen eines Andachtsbildes. In: Astrid Schürmann / Burghart Weiss (Hrsgg.): Chemie – Kultur – Geschichte. Festschrift für Hans-Werner Schütt zum 65. Geburtstag. Diepholz: GNT-Verlag 2002, S. 245–255.

Schweretheorie und Weltbild des Nikolaus von Kues. Zu ihrer vermeintlichen Modernität. *Berichte zur Wissenschaftsgeschichte* 25 (2002), 195–211.

Dankesworte. In: Katja Schmiederer (Hrsg.): Hamburg – Mainz – Marburg: Stationen eines Wissenschaftshistorikers. Festakt anläßlich der Pensionierung von Prof. Dr. Fritz Krafft. (Quellen und Studien zur Geschichte der Pharmazie, Bd 80) Stuttgart: Wissenschaftliche Verlagsgesellschaft 2002, S. 63–69.

Was die Welt zusammenhält. Das astronomisch-physikalische Weltbild Otto von Guerickes. In: Matthias Puhle (Hrsg.): Die Welt im leeren Raum – Otto von Guericke.1602–1686. Beiträge zur Wissenschaftsgeschichte und Katalog zur Ausstellung des Kulturhistorischen Museums Magdeburg 06.09.2002 bis 05.01.2003. (Magdeburger Museumsschriften, 7) Berlin: Deutscher Kunstverlag 2002, S. 94–108.

Wo stehen wir? Der Ort des Menschen im Kosmos aus der Sicht der Naturwissenschaften im Wandel der Zeit. In: Joachim Track / Christian Link (Hrsgg.): Verstehen, Bewahren und Gestalten. Denkschrift der Vereinigten Evangelisch-Lutherischen Kirche Deutschlands. Neukirchen: Neukirchener Verlag 2002, im Druck.

Astronomie und Weltbild zwischen Copernicus, Kepler und Newton. In: Barbara Bauer (Hrsg.): Artes et scientiae. Repräsentation alter und neuer Sichtweisen von „Natur" in der frühen Neuzeit. (10. Jahrestreffen des Wolfenbütteler Arbeitskreises für Barockforschung in der Herzog August Bibliothek vom 5. bis 8. April 2000). Wiesbaden: Harrassowitz, im Druck.

Das kosmologische Weltbild des Nikolaus von Kues zwischen Antike und Moderne. *Mitteilungen und Forschungsbeiträge der Cusanus-Gesellschaft* 27 (2002), im Druck.

Der Heiland als Apotheker in der Himmelsapotheke. *Cistercienser Chronik. Forum für Geschichte, Kunst, Literatur und Spiritualität des Mönchtums* 109 (2002), im Druck.

Johannes Kepler – Die neue Astronomie. In: Pierre Leich (Hrsg.): Leitfossilien naturwissenschaftlichen Denkens. Würzburg: Königshausen & Neumann 2002, im Druck.

Edwin Powell Hubble – Das extragalaktische, expandierende Universum. In: Ebenda, im Druck.

Christus ruft in die Himmelsapotheke. Die Verbildlichung des Heilandsrufs durch Christus als Apotheker. Begleitbuch und Katalog zur Ausstellung im Museum Altomünster (29. November 2002 bis 26. Januar 2003). Mit Beiträgen von Christa Habrich und Woty Gollwitzer-Voll. (a): Altomünster: Heimat- und Museumsverein 2002; (b): (Quellen und Studien zur Geschichte der Pharmazie, Bd 81) Stuttgart: Wissenschaftliche Verlagsgesellschaft 2002.

Agricola, Georgius. In: Dietrich von Engelhardt (Hrsg.): Biographische Enzyklopädie deutschsprachiger Mediziner. München: K. Saur 2002, im Druck.

B. Herausgebertätigkeit

[(Hrsg.) = Herausgeber; (MHrsg.) = Mitherausgdeber; (WB) = Wissenschftlicher Beirat]

a) Wissenschaftliche Zeitschriften:

Sudhoffs Archiv. Zeitschrift für Wissenschaftsgeschichte 53 ff., Wiesbaden/ Stuttgart: F. Steiner Verlag 1969 ff. (MHrsg.).

Berichte zur Wissenschaftsgeschichte. Organ der Gesellschaft für Wissenschaftsgeschichte 1 ff. (Bd 1–5: Wiesbaden: Akademische Verlagsgesellschaft 1978–1982; ab Bd 6:) Weinheim: VCH Verlagsgesellschaft (jetzt Wiley-VCH) (1978–)1983 ff. (Hrsg.).

PZ Wissenschaft. Pharmazeutische Zeitung – Wissenschaftsausgabe, 2–6, Frankfurt am Main: Govi-Verlag 1989–1993 [Einstellung] (WB).

b) Einzelschriften:

Otto von Guerickes Neue (sogenannte) Magdeburger Versuche über den leeren Raum. Nebst Briefen, Urkunden und anderen Zeugnissen seiner Lebens- und Schaffensgeschichte. 1968 [große und kleine Ausgabe] (MHrsg.).

Max Planck: Sinn und Grenzen der exakten Wissenschaft. 1971 (Hrsg.).

Johannes Kepler: Tertius interveniens (Warnung an die Gegner der Astrologie). 1971 (Hrsg.).

Immanuel Kant: Allgemeine Naturgeschichte und Theorie des Himmels. 1971 (Hrsg.).

Hermann von Helmholtz: Über die physiologischen Ursachen der musikalischen Harmonien. 1971 (Hrsg.).

Wilhelm Conrad Röntgen: Über eine neue Art von Strahlen. 1972 (Hrsg.).

Alexander von Humboldt, Mineralogische Betrachtungen über einige Basalte am Rhein. 1980 (Hrsg.)

15 Jahre Berichte zur Wissenschaftsgeschichte. Indizes zu Band 1 (1978) – Band 15 (1992). Bearbeitet von Ulrich Stoll. (Berichte zur Wissenschaftsgeschichte, Bd 17, Heft 4). 1994 (Hrsg.).

Otto von Guerickes Neue (sogenannte) Magdeburger Versuche über den Leeren Raum. 1996, CVIII + 306 Seiten (Hrsg.).

Gisela Dehmel: Die Arzneimittel in der Physikotheologie. (Physikotheologie im historischen Kontext, Bd 5). 1996, XIII + 218 Seiten (Hrsg.).

Günther Gleiche: Die Apotheke im Allgemeinen Krankenhaus St. Georg, Hamburg, 1823–1973. Eine Chronik vor dem Hintergrund des stadtgeschichtlichen, medizinalrechtlichen, medizinischen und naturwissenschaftlichen Geschehens. (Quellen und Studien zur Geschichte der Pharmazie, Bd 75). 1998, XVIII + 542 Seiten (Hrsg.).

Klaus Meyer: Ein pharmazeutisches Erinnerungsblatt. *Geschichte der Pharmazie – DAZ-Beilage* 54 (2002), Nr. 1, 9–12 (Hrsg.).

c) Sammelschriften:

Große Naturwissenschaftler. Biographisches Lexikon. Herausgegeben von Fritz Krafft und Adolf Meyer-Abich. 1970, 400 Seiten (MHrsg.).

Internationales Kepler-Symposium Weil der Stadt 1971. Referate und Diskussionen, herausgegeben von Fritz Krafft, Karl Meyer, Bernhard Sticker. (arbor scientiarum, A 1). 1973, XII + 490 Seiten (MHrsg.).

Das Verhältnis der Humanisten zum Buch. Herausgegeben von Fritz Krafft und Dieter Wuttke. (Kommission für Humanismusforschung, Mitteilung 4). 1977, 243 Seiten (MHrsg.).

Mathematik und Naturwissenschaften an der Johannes Gutenberg-Universität. Ein Überblick aus der Sicht der Fachbereiche aus Anlaß der 500-Jahr-Feier der Universität. (Beiträge zur Geschichte der Universität Mainz, Bd 12). 1977, X + 149 Seiten (Hrsg.).

Humanismus und Naturwissenschaften. Herausgegeben von Rudolf Schmitz und Fritz Krafft. (Kommission für Humanismusforschung, Mitteilung 6). 1980, 210 Seiten (MHrsg.).

Große Naturwissenschaftler. Biographisches Lexikon. Mit einer Bibliographie zur Geschichte der Naturwissenschaften. Zweite, neubearbeitete und erweiterte Auflage. 1986, (VI) + 456 Seiten (Hrsg.).

XVIIIth International Congress of History of Science. General Theme: Science and Political Order / Wissenschaft und Staat. 1st–9th August 1989, Hamburg–Munich. Abstracts, edited by Fritz Krafft and Christoph J. Scriba. 1989 (MHrsg.).

XVIIIth International Congress of History of Science Hamburg-Munich, 1st–9th August 1989. Final Report. Edited by Fritz Krafft and Christoph J. Scriba. (Sudhoffs Archiv, Beiheft 30). 1993, VIII + 190 Seiten (MHrsg.).

Bausteine 1988–1994. Antrittsvorlesungen neuberufener Professoren der Philipps-Universität Marburg während der Amtszeit von Professor Dr. Dietrich Simon. Redaktion und Zusammenstellung: Peter Borscheid, Gernot Frenking, Fritz Krafft, Manfred Sommer. Marburg (Privatdruck Liste 'Unabhängige Hochschullehrer') 1994. 188 Seiten 1994 (MHrsg.).

Vorstoß ins Unerkannte. Lexikon großer Naturwissenschaftler. Weinheim / New York: Wiley-VCH. 1999, XI + 474 Seiten (Hrsg.).

d) Buchreihen:
Naturwissenschaftliche Texte bei Kindler
Bde 1–7, München: Kindler Verlag 1971–1972 (Hrsg.)
[Rezensionen: U. Müller, in: *Buch und Bibliothek* 24 (1972), 211 f.; M. Kleinschneider, in: *Kant-Studien* (1972), Heft 2; R. Malter, in: *Tijdschrift voor filosofie* 35 (1973), 400; I. Schneider, in: *Rete* 2 (1975), 367–369]:

Max Planck, Sinn und Grenzen der exakten Wissenschaft. 1971.

Johannes Kepler, Warnung an die Gegner der Astrologie – Tertius Interveniens. 1971.

Immanuel Kant, Allgemeine Naturgeschichte und Theorie des Himmels. 1971.

Hermann von Helmholtz, Über die physiologischen Ursachen der musikalischen Harmonien. 1971.

Charles Darwin, Essay zur Entstehung der Arten. Mit einer Einführung hrsg. von Heribert M. Nobis. 1971.

Rudolf Virchow, Drei Reden über Leben und Kranksein. Mit einem Nachwort von Walter F. Hiss hrsg. von Fritz Krafft. 1971.

Wilhelm Conrad Röntgen, Über eine neue Art von Strahlen. Mit einem biographischen Essay von Walther Gerlach. Hrsg. und mit einem Vorwort versehen von Fritz Krafft. 1972.

arbor scientiarum. Beiträge zur Wissenschaftsgeschichte
Hildesheim: H. A. Gerstenberg 1972–1989 (MHrsg., federführend):
Reihe A: Abhandlungen.

1 Internationales Kepler-Symposium Weil der Stadt 1971. 1973.
[Rezensionen: D.T.Whiteside, in: *Studies in History and Philosophy of Science* 4 (1974), 387–392; E. J. Aiton, in: *Studia Leibnitiana* 6 (1974), 150–153; J. V. Field, in: *Annals of Science* 31 (1974), 581–583; A. Mercier, in: *Erasmus* 27 (1975), 331–335; C. Wilson, in: *Journal for the History of Astronomy* 6 (1975), 58–62; I. Schneider, in: *Rete* 2 (1975), 356–360; W. Applebaum, in: *Isis* 67 (1976), 127 f.]

2 Hans-Werner Schütt: Emil Wohlwill – Galilei-Forscher, Chemiker, Hamburger Bürger im 19. Jahrhundert. 1972.

3 Jost Weyer: Chemiegeschichtsschreibung von Wiegleb (1790) bis Partington (1970). 1974.

4 Jürgen Teichmann: Zur Entwicklung von Grundbegriffen der Elektrizitätslehre, insbesondere des elektrischen Stroms bis 1820. 1974.

5 Albrecht Quentin: Naturkenntnisse und Naturanschauungen bei Wilhelm von Auvergne. 1976.

6 Herbert Mehrtens: Die Entstehung der Verbandstheorie. 1979.

7 Horst Zehe: Die Gravitationstheorie des Nicolas Fatio de Duillier. 1980.

8 Walter Kaiser: Theorien der Elektrodynamik im 19. Jahrhundert. 1981.
9 Hans-Werner Schütt: Die Entdeckung des Isomorphismus. 1984.
10 Oskar Blumtritt: Zur Genese der elektromagnetischen Feldtheorie. 1986.

Reihe B: Texte.
1 Wolfgang Kaunzner: Über die Handschrift Clm 26639 der Bayerischen Staatsbibliothek München. Eine mögliche Quelle zu Widmanns deutschem Rechenbuch von 1489. Ein Beitrag zur Geschichte der Mathematik im ausgehenden Mittelalter. 1978.
2 Eberhard Knobloch: Der Beginn der Determinantentheorie. Leibnizens nachgelassene Studien zum Determinantenkalkül. Textband. 1980.

Reihe C: Bibliographien.
1 Max Steck: Bibliographia Euclideana. Die Geisteslinien der Tradition in den Editionen der "Elemente" des Euklid (um 365–300). Nach dem Tode des Verfassers hrsg. von Menso Folkerts. 1981.

Quellen und Studien zur Geschichte der Pharmazie

Bd 59 und 62 ff. Stuttgart: Wissenschaftliche Verlagsgesellschaft 1991 ff. (MHrsg.), ab Bd 63 (Hrsg.):

59 Berthold Beyerlein: Die Entwicklung der Pharmazie zur Hochschuldisziplin. Ein Beitrag zur Universitäts- und Sozialgeschichte. Mit einem Geleitwort von Rudolf Schmitz. 1991.
62 Klaus Biewer: Albertus Magnus, *De vegetabilibus* Buch VI, Traktat 2. Lateinisch-deutsch. Übersetzung und Kommentar. Mit einem Geleitwort von Rudolf Schmitz. 1992.
63 Peter Laupheimer: Phlogiston oder Sauerstoff. Die Pharmazeutische Chemie in Deutschland zur Zeit des Übergangs von der Phlogiston- zur Oxidationstheorie. Mit einem Geleitwort von Fritz Krafft. 1992.
64 Annette Diekmann: Klassifikation – Sytem – 'scala naturae'. Das Ordnen der Objekte in Naturwissenschaft und Pharmazie zwischen 1700 und 1850. Mit einem Geleitwort von Fritz Krafft. 1992.
65 Sabine Ernst: Lise Meitner an Otto Hahn. Briefe aus den Jahren 1912 bis 1924. Edition und Kommentierung. Mit einem Geleitwort von Fritz Krafft. 1992 [1993].
66 Holger Goetzendorff: Von der Selbsthilfe zur Selbstverwaltung. Entstehungsgeschichte der Apothekerkammer Nordrhein (1945–1953). Mit zahlreichen Abbildungen und Tabellen sowie einem Geleitwort von Fritz Krafft. 1992.
67 Christine Billig: Pharmazie und Pharmaziestudium an der Universität Gießen. Mit einem Geleitwort von Fritz Krafft. 1994.
68 Bernhard Müller: Militärpharmazie in Deutschland bis 1945. Mit einem Geleitwort von Fritz Krafft. 1993.

69 Ute Fischer-Mauch: Zum Verhältnis Apotheker / Arzt in Hessen. Bemühungen in Gießen um eine Novellierung der rechtlichen Grundlagen (um 1700). Mit einem Geleitwort von Fritz Krafft. 1995.
70 Martine Strobel: Asthma bronchiale. Die Geschichte seiner medikamentösen Therapie bis zum Beginn des 20. Jahrhunderts. Mit einem Geleitwort von Fritz Krafft. 1994.
71 Sieglinde Lieberknecht: Die *Canones* des Pseudo-Mesue: Eine mittelalterliche Purgantien-Lehre. Übersetzung und Kommentar. Im Anhang die Versio antiqua in der Druckfassung von 1561. Mit einem Geleitwort von Fritz Krafft. 1995.
72 Evemarie Wolf: Über die Anfänge der Pharmaziegeschichtsschreibung von Johannes Ruellius (1529) bis David Peter Hermann Schmidt (1835). Mit einem Geleitwort von Fritz Krafft. 1996.
73 Eva-Maria Henig: 200 Jahre Pockenimpfstoff in Deutschland. Mit einem Geleitwort von Fritz Krafft. 1997.
74 Annette Josephs: Der Kampf gegen die Unfruchtbarkeit. Zeugungstheorien und therapeutische Maßnahmen von den Anfängen bis zur Mitte des 17. Jahrhunderts. Mit einem Geleitwort von Fritz Krafft. 1998.
75 Günther Gleiche: Die Apotheke im Allgemeinen Krankenhaus St. Georg, Hamburg, 1823–1973. Eine Chronik vor dem Hintergrund des stadtgeschichtlichen, medizinalrechtlichen, medizinischen und naturwissenschaftlichen Geschehens. Mit einem Geleitwort hrsg. von Fritz Krafft. 1998.
76 Fritz Krafft: „Die Arznei kommt vom Herrn, und der Apotheker bereitet sie" – Biblische Rechtfertigung der Apothekerkunst im Protestantismus: Apotheken-Auslucht in Lemgo und Pharmako-Theologie. 1999.
77 Clemens Stoll: Die Apotheken am bayerischen Untermain. Eine pharmaziehistorische Dokumentation vom Beginn der Neuzeit bis zum Ende der Personalkonzession 1949. Mit einem Geleitwort von Fritz Krafft herausgegeben von Ulrich Stoll. 2000.
78 Sabine Anagnostou: Jesuiten in Spanisch-Amerika als Übermittler von heilkundlichem Wissen. Mit einem Geleitwort von Fritz Krafft. 2000.
79 Carsten Gerd Dirks: Militärpharmazie in Deutschland nach 1945. Bundeswehr und Nationale Volksarmee im Vergleich. Mit einem Geleitwort von Fritz Krafft. 2001.

Natur – Wissenschaft – Theologie. Kontexte in Geschichte und Gegenwart.
Bd 1 ff., Münster: LIT Verlag 1999 ff. (Hrsg.):
 1 Fritz Krafft: »... denn Gott schafft nichts umsonst!« Das Bild der Naturwissenschaft vom Kosmos im historischen Kontext des Spannungsfeldes Gott – Mensch – Natur. 1999.
 2 Dieter Weber: Die Geschichte Gottes und die Geschichte der Natur – eine Familienähnlichkeit? 2000.

C. Rezensionen

K. Gaiser: Platons ungeschriebene Lehre. Studien zur systematischen und geschichtlichen Begründung der Wissenschaften in der Platonischen Schule. Stuttgart 1963. In: *Sudhoffs Archiv* 48 (1964), 188–190.

Tusculum-Lexikon griechischer und lateinischer Autoren des Altertums und des Mittelalters. Völlig neu bearbeitet von W. Buchwald, A. Hohlweg und O. Prinz. München 1963. In: *Sudhoffs Archiv* 48 (1964), 286 f.

J. E. Hofmann: Geschichte der Mathematik I. Von den Anfängen bis zum Auftreten von Fermat und Descartes. Berlin 1963. In: *Sudhoffs Archiv* 48 (1964), 288.

W. Burkert, Weisheit und Wissenschaft. Studien zu Pythagoras, Philolaos und Platon. Nürnberg 1962. In: *Sudhoffs Archiv* 48 (1964), 367–369.

Iamblichos: Pythagoras. Legende, Lehre, Lebensgestaltung. Hrsg., übersetzt und eingeleitet von M. von Albrecht. Zürich und Stuttgart 1963. In: *Sudhoffs Archiv* 49 (1965), 98 f.

A. Mercier: Antikes und modernes Denken in Physik und Mathematik. Berlin 1964. In: *Mathematical Reviews* 29 (1965), 218 (# 1118).

R. J. Gittings / C. L. Hamblin: Babylonian sexagesimal reciprocal tables. *Australian Journal of Science* 27 (1964), 139–141. In: *Mathematical Reviews* 30 (1965), 1 (# 4).

J. Mittelstraß: Die Rettung der Phänomenee. Ursprung und Geschichte eines antiken Forschungsprinzips. Berlin 1962. In: *Sudhoffs Archiv* 49 (1965), 221–223.

Ptolemäus, Handbuch der Astronomie. Deutsche Übersetzung und erläuternde Anmerkungen von K. Manitius. Vorwort und Berichtigungen von O. Neugebauer. Leipzig 1963. 2 Bde. In: *Mathematical Reviews* 30 (1965), 199–201 (# 1019 a/b).

O. Becker: Grundlagen der Mathematik in geschichtlicher Entwicklung. Freiburg ²1964. In: *Mathematical Reviews* 30 (1965), 373 (# 1913).

O. Knudsen: A Note on Newton's Concept of Force. *Centaurus* 9 (1963/64), 266–271. In: *Mathematical Reviews* 30 (1965), 373 f. (# 1919).

Heliodori, ut dicitur, in Paulum Alexandrinum commentarium. Edidit A. Boer, interpretationes astronomicas addiderunt O. Neugebauer et D. Pingree. Leipzig 1962. In: *Sudhoffs Archiv* 49 (1965), 325 f.

Sonne steh still. 400 Jahre Galileo Galilei. Sein heutiges Bild durch Beiträge von H. Dolch, J. O. Fleckenstein, H. C. Freiesleben, F. Klemm, F. Rauhut, H. Schimank und Arbeiten älterer Autoren gezeichnet. Hrsg. von E. Brüche. Moosbach 1964. In: *Der mathematische und naturwissenschaftliche Unterricht* 18 (1965/66), 192.

C. F. von Weizsäcker: Zum Weltbild der Physik. Stuttgart ¹⁰1963. In: *Mathematical Reviews* 30 (1965), 567 f. (# 2997).

Á. Szabó: Der älteste Versuch einer definitorisch-axiomatischen Grundlegung der Mathematik. *Osiris* 14 (1962), 308–369. In: *Mathematical Reviews* 30 (1965), 870 f. (# 4651).

Galen's Institutio logica. English Translation, Introduction, and Commentary by J. S. Kieffer. Baltimore 1964. In: *Mathematical Reviews* 31 (1966), 380 (# 2110).

Simon Stevin: De Thiende. Das erste Lehrbuch der Dezimalbruchrechnung. Nach der holländischen und der französischen Ausgabe von 1585 übersetzt und erläutert von H. Gericke und K. Vogel. Frankfurt am Main 1965. In: *Sudhoffs Archiv* 50 (1966), 97–99.

A. G. Drachmann, Fragments from Archimedes in Heron's Mechanics. *Centaurus* 8 (1963), 91–146. In: *Mathematical Reviews* 31 (1966), 847 f. (# 4705).

J. H. Waszink: Studien zum Timaioskommentar des Calcidius, I. Die erste Hälfte des Kommentars (mit Ausnahme der Kapitel über die Weltseele). Leiden 1964. In: *Sudhoffs Archiv* 50 (1966), 212 f.

Nicolaus von Cues, Die Jagd nach Weisheit. Übersetzt und mit Vorwort und Anmerkungen hrsg. von Paul Wilpert. Hamburg 1964. – Nikolaus von Kues, Die gelehrte Unwissenheit, Buch I. Übersetzt und mit Vorwort und Anmerkungen hrsg. von Paul Wilpert. Lateinisch-deutsch. Hamburg 1964. In: *Sudhoffs Archiv* 50 (1966), 427–429.

E. J. Aiton: The Clestial Mechanics of Leibniz: A New Interpretation. *Annals of Science* 20 (1964), 111–123. In: *Mathematical Reviews* 33 (1967), 2 (# 8).

K. Gaiser: Platons Menon und die Akademie. *Archiv für Geschichte der Philosophie* 46 (1964) 241–292. In: *Mathematical Reviews* 33 (1967), 210 f. (# 1197).

Ch. Mugler: Dictionnaire historique de la terminologie optique des Grecs. Douze siècle de dialogues avec la lumière. Paris 1964. In: *Mathematical Reviews* 33 (1967), 211 (# 1198).

B. L. van der Waerden, Die Anfänge der Astronomie. Erwachende Wissenschaft II. Groningen 1965. In: *Mathematical Reviews* 33 (1967), 211 f. (# 1199).

Christian Wolff: Mathematisches Lexicon. Hrsg. und bearbeitet von J. E. Hofmann. (Gesammelte Werke, I. Abteilung: Deutsche Schriften, Bd 11) Hildesheim 1965. In: *Mathematical Reviews* 33 (1967), 214 f. (# 1209).

H. Meschkowski: Aus den Briefbüchern Georg Cantors. *Archive for the History of Exact Sciences* 2 (1965/66), 503–519. In: *Mathematical Reviews* 33 (1967), 658 (# 3868).

F. Lasserre: The Birth of Mathematics in the Age of Plato. London 1964. In: *Mathematical Reviews* 34 (1967), 2 (# 7).

G. H. Knutzen: Technologie in den hippokratischen Schriften Περὶ διαίτης ὀξέων, Περὶ ἀγμῶν, Περὶ ἄνθρων ἐμβολῆς. (Akademie der Wissenschaften und der Literatur [Mainz], Abhandlungen der Geistes- und Sozialwissenschaftliche Klasse 1963, Nr. 14) Wiesbaden 1964. In: *Deutsche Literaturzeitung* 88 (1967), 447–452.

H. Gericke: Aus der Chronik der Deutschen Mathematiker-Vereinigung. *Jahresberichte der Deutschen Mathematiker-Vereinigung* 68 (1966), Abt.2, 46–74. In: *Mathematical Reviews* 34 (1967), 197 (# 1143).

M. Schramm: Die Bedeutung der Bewegungslehre des Aristoteles für seine beiden Lösungen der zenonischen Paradoxie. Frankfurt/Main 1962. In: *Sudhoffs Archiv* 51 (1967), 275 f.

Zur Geschichte der Griechischen Mathematik. Hrsg. von O. Becker. (Wege der Forschung, Bd 33) Darmstadt 1965. In: *Mathematical Reviews* 34 (1967), 1011 f. (# 5610).

J. E. Hofmann: Aus der Frühzeit der Infinitesimalmethoden. Auseinandersetzung um die algebraische Quadratur algebraischer Kurven in der 2. Hälfte des 17. Jahrhunderts. *Archive for the History of Exact Sciences* 2 (1964/65), 271–343. In: *Mathematical Reviews* 34 (1967), 1353 (# 7320).

M. Schramm: Die Bedeutung der Bewegungslehre des Aristoteles für seine beiden Lösungen der zenonischen Paradoxie. Frankfurt/Main 1962. In: *Archiv für Geschichte der Philosophie* 50 (1968), 293–296.

G. Rhode: Bibliographie der deutschen Aristoteles-Übersetzungen. Vom Beginn des Buchdrucks bis 1964. Frankfurt am Main 1967. In: *Sudhoffs Archiv* 52 (1968), 273 f.

Bilddokumente Römischer Technik. Im Auftrage des Vereins Deutscher Ingenieure zusammengestellt und bearbeitet von F. Kretzschmer. Düsseldorf 1967. In: *Sudhoffs Archiv* 52 (1968), 284.

Nikolaus von Kues: Die belehrte Unwissenheit, Buch II. Übersetzt und mit Vorwort, Anmerkungen und Register hrsg. von Paul Wilpert. Lateinisch-deutsch. Hamburg 1967. In: *Sudhoffs Archiv* 52 (1968), 287 f.

Leibniz-Bibliographie. Die Literatur über Leibniz. Bearbeitet von K. Müller. Frankfurt am Main 1967. In: *Mathematical Reviews* 38 (1969), 3 f. (# 14).

Isaac Newton: Opera quae exstant omnia. Faksimile-Neudruck der Ausgabe von Samuel Horsley, London 1779–1785, in fünf Bänden. Stuttgart 1964. In: *Mathematical Reviews* 38 (1969), 373 f. (# 1987).

Regiomontanus On Triangles (De triangulis omnimodis by Johann Müller, otherwise known as Regiomontanus). Translated by B. Hughes, with an Introduction and Notes. Madison, Wisc./London 1967. In: *Mathematical Reviews* 39 (1969), 993 (# 5559).

A. G. Drachmann: Große griechische Erfinder. Zürich 1967. In: *Technikgeschichte* 37 (1970), 358–360.

Chr. J. Scriba: Studien zur Mathematik des John Wallis (1616–1703). Winkelteilungen, Kombinationslehre und zahlentheoretische Probleme. Im Anhang: Die Bücher und Handschriften des Wallis. Wiesbaden 1966. In: *Mathematical Reviews* 40 (1970), 230 f. (# 1241).

Schätze im Deutschen Museum. Bildnisse und Werke von Naturforschern und Ingenieuren aus den Sammlungen des Deutschen Museums von Meisterwerken der Naturwissenschaft und Technik. Hrsg. von H. Auer und F. Klemm. Düsseldorf 1968. In: *Sudhoffs Archiv* 55 (1971), 107 f.

Nikolaus von Kues: Die belehrte Unwissenheit, Buch I. Übersetzt und mit Vorwort und Anmerkungen hrsg. von Paul Wilpert †. Zweite, verbesserte Auflage, besorgt von H. G. Senger. Lateinisch-deutsch. Hamburg 1970. In: *Sudhoffs Archiv* 55 (1971), 111.

Johannes Kepler: Gesammelte Werke. Bd X: Tabulae Rudolphinae. Bearbeitet von F. Hammer. München 1969. In: *Der mathematische und naturwissen-*

schaftliche Unterricht 24 (1971), 508.

V. Bialas: Die Rudolphinischen Tafeln von Johannes Kepler. Mathematische und astronomische Grundlagen. (Nova Kepleriana, N.F. 2) München 1969. In: *Physikalische Blätter* 27 (1971), 90.

Johannes Kepler, Selbstzeugnisse. Ausgewählt und eingeleitet von Franz Hammer, übersetzt von Esther Hammer, erläutert von Friedrich Seck. Stuttgart-Bad Canstatt 1971. In: *Der mathematische und naturwissenschaftliche Unterricht* 25 (1972), 509.

Johannes Willem van Spronsen: The Periodic System of Chemical Elements. A History of the First Hundred Years. Amsterdam usw. 1969. In: (a) *Angewandte Chemie* 84 (1972), 1113 f. ; (b) *Angewandte Chemie. International Edition* 11 (1972), 948.

Justus Schmidt: Johannes Kepler. Sein Leben in Bildern und eigenen Berichten. Linz 1970. – Walther Gerlach und Martha List, Johannes Kepler, 1571 Weil der Stadt – 1630 Regensburg. Dokumente zu Lebenszeit und Lebenswerk. München 171. In: *Mathematisch-physikalische Semesterberichte* N.F. 20 (1973), 137–140.

Sieghard Neufeldt, Chronologie Chemie 1800–1970. Weinheim, Bergstraße/ New York 1977. In: (a) *Angewandte Chemie* 89 (1977), 771; (b) *Angewandte Chemie, International Edition in English* 16 (1977), 733.

Marshall Clagett: Archimedes in the Middle Ages. Vol. 2: The Translations from the Greek by William of Moerbeke. (Memoirs of the American Philosophical Society, Vol. 117, Part A/B) Philadelphia 1976. In: *Sudhoffs Archiv* 63 (1979), 195–198.

Physik im 19. Jahrhundert. Herausgegeben und eingeleitet von Andreas Kleinert. Darmstadt 1980. In: *Berichte zur Wissenschaftsgeschichte* 3 (1980), 239 f.

Angiolo Procissi: Bibliografia matematica della Grecia classica e di altre civiltà antiche. (Bolletino di storia delle scienze matematiche 1/1, 1981) Florenz 1981. In: *Berichte zur Wissenschaftsgeschichte* 5 (1982), 264 f.

Indices naturwissenschaftlich-medizinischer Periodica bis 1850. Hrsg. von Armin Geus. Bd 1–3, Stuttgart 1971–1981. In: *Berichte zur Wissenschaftsgeschichte* 5 (1982), 266 f.

Philosophie in Selbstdarstellungen. Hrsg. von Ludwig J. Pongratz. 3 Bde, Hamburg 1975–1977. In: *Berichte zur Wissenschaftsgeschichte* 6 (1983), 254 f.

Friedrich Herneck: Die heilige Neugier. Erinnerungen, Bildnisse, Aufsätze zur Geschichte der Naturwissenschaften. Berlin (DDR) 1983. In: *Berichte zur Wissenschaftsgeschichte* 8 (1985), 57.

Dorothea Goetz / Ilse Jahn / Eberhard Wächtler / Hans Wußing (Hrsgg.): Biographien hervorragender Naturwissenschaftler, Techniker und Mediziner. Bd 1 ff., Leipzig 1964 ff. (Bd 66–80, 1984/85). In: *Berichte zur Wissenschaftsgeschichte* 8 (1985), 250 f.

Ostwalds Klassiker der exakten Wissenschaften – reprints. Leipzig: Akademische Verlagsanstalt Geest & Portig 1983 ff. In: *Berichte zur Wissenschaftsgeschichte* 9 (1986), 146.

Cyrano de Bergerac: Die Reise zu den Mondstaaten und Sonnenreichen. Zwei klassische Science Fiction Romane. Völlig überarbeitete und mit Anmerkungen versehene Ausgabe, hrsg. von Winfried Petri. München 1986. In: *Berichte zur Wissenschaftsgeschichte* 10 (1987), 94.

Fritz Fraunberger: Illustrierte Geschichte der Elektrizität. Köln und Gütersloh 1985. In: *Berichte zur Wissenschaftsgeschichte* 10 (1987), 94.

Exempla historica – Epochen der Weltgeschichte in Biographien (in 70 Bänden). Frankfurt am Main: Fischer Taschenbuch Verlag 1984 ff. In: *Berichte zur Wissenschaftsgeschichte* 10 (1987), 168.

Helmut Werner: Synopsis der Nomenklatur der Fixsterne – Synopsis of the Nomenclature of the Fixed Stars. Vollendet und hrsg. von Felix Schmeidler. Stuttgart 1986. In: *Berichte zur Wissenschaftsgeschichte* 10 (1987), 242–244.

Wilhelm Treue (Hrsg.): Achse, Rad und Wagen. Fünftausend Jahre Kultur- und Technikgeschichte. Göttingen 1986. In: *Berichte zur Wissenschaftsgeschichte* 10 (1987), 251 f.

Deutsche Forschungsgemeinschaft [Kommission für Humanismusforschung]: Namensregister zu den Mitteilungen I bis XII der Kommission für Humanismusforschung. Hrsg. von Gundolf Keil, bearbeitet von Ortrun Riha. Weinheim 1987. In: *Berichte zur Wissenschaftsgeschichte* 11 (1988), 117 bis 118.

Charlotte Kerner: Lise, Atomphysikerin. Die Lebensgeschichte der Lise Meitner. Weinheim/Basel 1986. In: *Physikalische Blätter* 44 (1988), 466.

Christoph von Wolzogen: Zur Geschichte des Dietrich Reimer Verlags 1845 bis 1985. Berlin 1986. In: *Berichte zur Wissenschaftsgeschichte* 11 (1988), 148.

Evemarie Wolf: Über die Anfänge der Pharmaziegeschichtsschreibung. Von Johannes Ruellius (1529) bis David Peter Hermann Schmidt (1835). (Quellen und Studien zur Geschichte der Pharmazie, Bd 72) Stuttgart 1996. In: *Berichte zur Wissenschaftsgeschichte* 19 (1996), 118.

Istituto e Museo di Storia della Scenza: Bibliografia italiane di storia della scienza XII–XIII (1993–1994). (Biblioteca di bibliografia italiana, 145) Florenz 1996. In: *Berichte zur Wissenschaftsgeschichte* 20 (1997), 188.

Dirk Ullmann: Quelleninventar Max Planck. (Veröffentlichungen aus dem Archiv zur Geschichte der Max-Planck-Gesellschaft, 8) Berlin 1996. In: *Berichte zur Wissenschaftsgeschichte* 20 (1997), 296.

Max Caspar: Johannes Kepler. Hrsg. von der Kepler-Gesellschaft, Weil der Stadt. Vierte Auflage. Nachdruck der Dritten Auflage, ergänzt um ein vollständiges Quellenverzeichnis. Stuttgart 1995. In: *Berichte zur Wissenschaftsgeschichte* 20 (1997), 333–335.

Änne Bäumer: Bibliography of the History of Biology – Bibliographie zur Geschichte der Biologie. Frankfurt am Main usw.: Peter Lang 1997. In: *Berichte zur Wissenshaftsgeschichte* 21 (1998), 70.

Eckart Henning (Hrsg.): Dahlemer Archivgespräche. Für das Archiv zur Geschichte der Max-Planck-Gesellschaft. Band 1, Berlin: Archiv zur Geschichte der Max-Planck-Gesellschaft 1996. In: *Berichte zur Wissen-*

schaftsgeschichte 21 (1998), 142.

Peter Brosche (Hrsg.): Astronomie der Goethezeit. Textsammlung aus Zeitschriften und Briefen Franz Xaver von Zachs, ausgewählt und kommentiert. (Ostwalds Klassiker der exakten Wissenschaften, Bd 288) Thun/Frankfurt am Main: Verlag Harri Deutsch 1995. In: *Berichte zur Wissenschaftsgeschichte* 21 (1998), 174.

Lucien F. Trueb: Die chemischen Elemente. Ein Streifzug durch das Periodensystem. Stuttgart/Leipzig: S. Hirzel 1996. In: *Berichte zur Wissenschaftsgeschichte* 21 (1998), 205 f.

Friedrich H. W. Heuck / Eckard Macherauch (Hrsgg.): Forschung mit Röntgenstrahlen. Bilanz eines Jahrhunderts (1895–1995). Berlin usw.: J. Springer 1995. In: *Berichte zur Wissenschaftsgeschichte* 22 (1999), 71 f.

Dietrich von Engelhardt (Hrsg.): Forschung und Fortschritt. Festschrift zum 175jährigen Jubiläum der Gesellschaft Deutscher Naturforscher und Ärzte. Stuttgart: Wissenschaftliche Verlagsgesellschaft 1997. In: *Berichte zur Wissenschaftsgeschichte* 22 (1999), 195.

Wolfgang-Hagen Hein / Werner Dressendörfer (Hrsgg.): Apotheker-Kalender 2000. Stuttgart: Deutscher Apotheker Verlag 1999. In: *Berichte zur Wissenschaftsgeschichte* 22 (1999), 290.

Wolfgang-Hagen Hein / Werner Dressendörfer (Hrsgg.): Apotheker-Kalender 2001. Stuttgart: Deutscher Apotheker Verlag 2000. In: *Berichte zur Wissenschaftsgeschichte* 23 (2000), 464.

Peter Eisenhardt / Frank Linhard / Kaisar Petanides (Hrsgg.): Der Weg der Wahrheit. Aufsätze zur Einheit der Wissenschaftsgeschichte. (Texte und Studien zur Wissenschaftsgeschichte, Bd 1) Hildesheim: G. Olms 1999. In: *Pharmaziehistorische Bibliographie* 9 (2001), 21–23.

Friedrich Debus / Franz Gustav Kollmann / Uwe Pörksen (Hrsgg.): Deutsch als Wissenschaftssprache im 20. Jahrhundert. Vorträge des Internationalen Symposions vom 18./19. Januar 2000. (Akademie der Wissenschaften und der Literatur, Abhandlungen der Geistes- und Sozialwissenschaftlichen Klasse 2000/10) Stuttgart: F. Steiner 2001. In: *Berichte zur Wissenschaftsgeschichte* 24 (2001), 289 f.

Norbert Elsner / Gerd Lüer (Hrsgg.): Das Gehirn und sein Geist. Göttingen: Wallstein 2000 // Helena Eccles / Hans-Jürgen Biersack (Hrsgg.): Sir John Eccles - In memoriam: A tireless warrior for dualism. Landsberg: ecomed 2000. In: *Berichte zur Wissenschaftsgeschichte* 24 (2001), 292 f..

Wolfgang-Hagen Hein / Werner Dressendörfer (Hrsgg.): Apotheker Kalender 2002. Stuttgart: Deutscher Apotheker Verlag 2001. In: *Berichte zur Wissenschaftsgeschichte* 24 (2001), 300.

Jürgen Büschenfeld / Heike Franz / Frank-Michael Kuhlmann (Hrsgg.): Wissenschaftsgeschichte heute. Festschrift für Peter Lundgreen. Bielefeld/Gütersloh: Verlag für Regionalgeschichte 2001. In: *Berichte zur Wissenschaftsgeschichte* 25 (2002), 64 f.

Max Planck: Vorträge, Reden, Erinnerungen. Hrsg. von Hans Roos und Armin Hermann. Berlin usw.: Springer 2001. In: *Berichte zur Wissenschaftsgeschichte* 25 (2002), 80.

D. Dissertationen / Diplomarbeiten / Staatsexamensarbeiten

[* = Übernahme der Betreuung von Prof. Dr. Rudolf Schmitz (†). QstGPh = Quellen und Studien zur Geschichte der Pharmazie. Stuttgart: Wissenschaftliche Verlagsgesellschaft]

Konrad Maydorn: Die Entwicklung der niederenergetischen Elektronenstreuforschung in Deutschland von 1900–1945 (physikalische Diplomarbeit Mainz 1976).

Ingrid Anthes: Umschlag von Grundlagenforschung zur Zweckforschung am Beispiel der Kernspaltung (chemische Zulassungsarbeit Mainz 1978).

Bernhard Gilles: J. Ch. P. Erxlebens ‚Anfangsgründe der Naturlehre' als Spiegelbild der physikalischen Wissenschaft im letzten Viertel des 18. Jahrhunderts (Diss. rer. nat. Mainz 1978).

Petra Benz: Über die Bedeutung von Modellvorstellungen für die Entwicklung der Kernphysik (physikalische Zulassungsarbeit Mainz 1982).

Dagmar Weber: Mathematik und Naturwissenschaften an der restaurierten Mainzer Universität (Diss. rer. nat. Mainz 1989).

Albert Krayer: Mathematik im Studienplan der Jesuiten. Die Vorlesung von Otto Cattenius an der Universität Mainz (1610/11). (Diss. rer. nat. Mainz 1990). – Druck: Mit einem Geleitwort von Fritz Krafft. (Beiträge zur Geschichte der Universität Mainz, 15) Stuttgart: F. Steiner 1991.

Peter Laupheimer: Die Pharmazeutische Chemie in Deutschland zur Zeit des Übergangs von der Phlogiston- zur Oxidationstheorie. (Diss. rer. nat. Marburg 1992). – Druck: QStGPh 63. 1992.

Annette Diekmann: Klassifikation – System – ‚scala naturae'. Das Ordnen der Objekte in Naturwissenschaft und Pharmazie zwischen 1700 und 1850. (Diss. rer. nat. Marburg 1992). – Druck: QStGPh 64. 1992.

Holger Goetzendorff: Von der Selbsthilfe zur Selbstverwaltung. Entstehungsgeschichte der Apothekerkammer Nordrhein (1945–1953). (Diss. rer. nat. Marburg 1992). – Druck: QStGPh 66. 1992.

Sabine Ernst: Lise Meitner an Otto Hahn. Briefe aus dem Jahre 1912 bis 1924. Edition und Kommentierung. (Diss. rer. nat. Mainz 1992). – Druck: QStGPh 65. 1992.

Christine Billig: Pharmazie und Pharmaziestudium an der Universität Gießen. (Diss.rer.nat. Marburg 1992).* – Druck: QStGPh 67. 1994.

Bernhard Müller: Militärpharmazie in Deutschland bis 1945. (Diss. rer. nat. Marburg 1993). – Druck: QStGPh 68. 1993.

Martine Strobel: Asthma bronchiale. Die Geschichte seiner medikamentösen Therapie bis zum Beginn des 20. Jahrhunderts. (Diss. rer. nat. Marburg 1993).* – Druck: QStGPh 70. 1994.

Sieglinde Lieberknecht: Die ‚Canones' des Pseudo-Mesue: Eine mittelalterliche Purgantien-Lehre. Übersetzung und Kommentar. Im Anhang die Versio antiqua in der Druckfassung von 1561. (Diss. rer. nat. Marburg 1993). – Druck: QStGPh 71. 1995.

Gisela Nickel: Wilhelm Troll (1897–1978). Leben und Werk. (Diss. rer. nat. Mainz 1993). – Druck u.d.T.: Wilhelm Troll (1897–1978). Eine Biographie. (Acta Historica Leopoldina, Nr. 25) Halle: Leopoldina / Leipzig: Barth 1996.

Ute Fischer-Mauch: Zum Verhältnis Apotheker/Arzt in Hessen. Bemühungen in Gießen um eine Novellierung der rechtlichen Grundlagen (um 1700). (Diss. rer. nat. Marburg 1993). – Druck: QStGPh 69. 1995.

Markus Vonderau: ‚Deutsche Chemie'. Der Versuch einer deutschartigen, ganzheitlich-gestalthaft schauenden Naturwissenschaft während der Zeit des Nationalsozialismus. (Diss. rer. nat. Marburg 1994).

Gisela Dehmel: Die Arzneimittel in der Physikotheologie. (Diss.rer.nat. Marburg 1994). – Druck: Mit einem Geleitwort von Fritz Krafft. (Physikotheologie im historischen Kontext, Bd 5) Münster: LIT Verlag 1996.

Eva-Maria Henig: 200 Jahre Pockenimpfstoff in Deutschland. (Diss.rer.nat. Marburg 1997). – Druck: QStGPh 73. 1997.

Annette Josephs: Der Kampf gegen die Unfruchtbarkeit. Zeugungstheorien und therapeutische Maßnahmen von den Anfängen bis zur Mitte des 17. Jahrhunderts. (Diss. rer. nat. Marburg 1997). – Druck: QStGPh 74. 1998.

Sabine Anagnostou: Jesuiten in Spanisch-Amerika als Übermittler von heilkundlichem Wissen. (Diss. rer. nat. Marburg 2000). – Druck: QStGPh 78. 2000.

Carsten Gerd Dirks: Militärpharmazie in Deutschland nach 1945. Bundeswehr und Nationale Volksarmee im Vergleich. (Diss.rer.nat. Marburg 2001). – Druck: QStGPh 79. 2001.

Quellen und Studien zur Geschichte der Pharmazie
Begründet von Prof. Dr. Rudolf Schmitz, herausgegeben von Prof. Dr. Fritz Krafft
(Die Bände 1–9 erschienen im Govi-Verlag, Frankfurt, die Bände 10–16 in jal-Verlag, Würzburg; diese Bände sind sämtlich vergriffen.
Ab Nr. 17 erscheint die Reihe in Kommission beim Deutschen Apotheker Verlag bzw. [ab 1991] bei der Wissenschaftlichen Verlagsgesellschaft Suttgart)

1 Rudolf Schmitz: Das Apothekenwesen von Stadt- und Kurtrier. 1960.
2 Hans Dadder: Das Apothekenwesen von Stadt und Erzstift Mainz. 1961.
3 Egon Philipp: Das Medizinal- und Apothekenrecht in Nürnberg. 1962.
4 Sieglinde Lefrère: Die Entwicklung des Saarländischen Apothekenwesens von den Anfängen bis zu der im Wiener Kongreß getroffenen Regelung (1815). 1963.
5 Tjiang Beng Jap: Über indonesische Volksheilkunde an Hand der Pharmacopoeia Indica des Hermann Nikolaus Grim(m) (1684). 1965.
6 Günther Tollmann: Die Entwicklung des Apothekenwesens in den Territorien des späteren Herzogtums Nassau von den Anfängen bis zur Einverleibung Nassaus durch Preußen (1866). 1965.
7 Rudolf Schmitz / Sieglinde Lefrère: Geschichte der Hamburger Apotheken 1818-1965 nach C. A. Jungclaussen. 1966.
8 Karl-Heinz Bartels: Drogenhandel und apothekenrechtliche Beziehungen zwischen Venedig und Nürnberg. 1966.
9 Heinz Gossmann: Das Collegium pharmaceuticum Norimbergense und sein Einfluß auf das nürnbergische Medizinalwesen. 1966.
10 Helmut P. Conradi: Apothekengläser im Wandel der Zeit. 1973.
11 Heinz Zimmermann: Arzneimittelwerbung in Deutschland zu Beginn des 16. bis Ende des 18. Jahrhunderts. 1974.
12 Elmar Ernst: Das „industrielle" Geheimmittel und seine Werbung. 1975.
13 Ursula Schmitz: Hans Minners 'Thesaurus medicaminum'. 1974.
14 Adelheid Overhamm: Zur Geschichte der Digitalis unter besonderer Berücksichtigung ihrer äußerlichen Anwendung. 1976.
15 Sian Nio Tan: Zur Geschichte der Pharmazie in Niederländisch-Indien (Indonesien) 1602–1945. 1976.
16 Wolfgang Götz: Zu Leben und Werk von Johann Bartholomäus Trommsdorff (1770– 1837). Darstellung anhand bisher unveröffentlichten Archivmaterials. 1977.
17 Iris Renner: Zur Entwicklungsgeschichte der Pharmakognosie als selbständiges Hochschulfach an der Ludwig-Maximilians-Universität Ingolstadt-Landshut-München. 1982. - vergriffen -
18 Cornelia D. Sonntag: Zur Geschichte der Apothekenprivilegien im Gebiet des Herzogtums Kleve vom Vertrag zu Xanthen (1614) bis zur Errichtung der Rheinprovinz (1822). 1982. - vergriffen -
19 Franz-Josef Kuhlen: Zur Geschichte der Schmerz-, Schlaf- und Betäubungsmittel in Mittelalter und früher Neuzeit. 1983. - vergriffen -
20 Ulrich Grass: Zu Leben und Werk von Jakob Reinbold Spielmann (1722–1783). 1983. € 19,—
21 Renate Smollich: Der Bisamapfel in Kunst und Wissenschaft. 1983. - vergriffen -
22 Jochen Keidel: Johann Heinrich Dierbach (1788–1845). Ein Beitrag zu Leben und Werk des Heidelberger Hochschullehrers. 1983. € 16,—
23 Wolfgang Hömberg: Der norddeutsche Bronzemörser im Zeitalter von Gotik und Renaissance. 1983. - vergriffen -
24 Mikulas Simon: Die soziale Stellung der Apotheker in der Zürcher Stadtgesellschaft in Mittelalter und früher Neuzeit. 1983. € 21,—
25 Arndt Fleischer: Patentgesetzgebung und chemisch-pharmazeutische Industrie im deutschen Kaiserreich (1871–1918). 1984. € 25,—
26 Hartmut Zimmermann: Simon Rudolph Brandes (1795–1842), ein bedeutender Apotheker des 19. Jahrhunderts. €985,—
27 Michael Krafft: Die anthroposophische Heilmittellehre und ihre geistesgeschichtliche Beziehung zu Heilmittelkonzepten des 19. Jahrhunderts. 1984. € 21,—
28 Wolfgang Engels: Zur Geschichte des Verstaatlichungsgedankens im deutschen Apothekenwesen unter besonderer Berücksichtigung der preußischen Verhältnisse und des Krankenkassenwesens im 19. Jahrhundert. 1984. € 22,—
29 Cornelia Kohlhaas-Christ: Zur Geschichte des Apothekenwesens in Hamburg von den Anfängen bis zum Erlaß der Medizinalordnung von 1818. 1985. € 18,—
30 Hans-Heino Ingendoh: Zur Geschichte des Apothekenwesens auf dem Gebiet des Herzogtums Berg von den Anfängen bis zur Einführung der Personalkonzession im Jahre 1894. 1985. € 29,—
31 Marion Wühr: Die Apotheke im ehemaligen Oberen Erzstift Köln. 1985. € 29,—
32 Thomas Haug: Friedrich August Flückiger (1828–1894). Leben und Werk. 1985. € 25,—
33 Jürgen Müller: Die Konstitutionserforschung der Alkaloide. Die Pyridin-Piperidin-Gruppe. 1985. € 18,—
34 Christine Schwarz: Genossenschaftliche Selbsthilfe von Apothekern am Beispiel der Stada. 1985. € 18,—
35 Bettina Haupt: Deutschsprachige Chemielehrbücher 1775–1850. 1987. € 29,—
36 Ulrike Thomas: Die Pharmazie im Spannungsfeld der Neuorientierung: Philipp Lorenz Geiger (1785–1836). Leben, Werk und Wirken – eine Biographie. 1985. € 35,—
37 Marianne Engeser: Der „Liber Servitoris" des Abulkasis (936–1013). Übersetzung, Kommentar und Nachdruck der Textfassung von 1471. 1986. € 24,—
38 Kristin Landgraf-Brunner: Die Auseinandersetzungen zwischen Apothekern und den gesetzlichen Krankenkassen von Beginn der gesetzlichen Krankenversicherung an. 1986. € 28,—
40 Ingrid Klimaschewski-Bock: Die „Distinctio sexta" des Antidotarium Mesue in der Druckfassung Venedig 1561 (Sirupe und Robub). Übersetzung, Kommentar und Nachdruck der Textfassung von 1561. 1987. € 25,—
41 Margit Kreutel: Die Opiumsucht. 1988. € 29,—
42 Benno Kreutzer: Zur Geschichte der einheimischen Orchideen unter besonderer Berücksichtigung ihrer pharmazeutisch-medizinischen Anwendung. 1988. € 24,—

43 Ute Stapel: Arzneimittelgesetze 1961 und 1976. 1988. € 39,50
44 Joachim Schmitt-Fiebig: Einflüsse und Leistungen deutscher Pharmazeuten, Naturwissenschaftler und Ärzte seit dem 18. Jahrhundert in Chile. 1988. € 23,—
45 Susanne Wüllrich: Die Geschichte der HAGEDA als standeseigener Großhandel der Apotheker. 1987. € 29,—
46 Achim Keller: Die Abortiva in der Römischen Kaiserzeit. 1988. € 29,—
47 Peter Jaroschinsky: Burkhard Reber (1848–1926). Ein Vorläufer der schweizerischen Pharmaziegeschichte. 1988. € 19,—
48 Michaela Kollmann-Hess: Die „Erste Marburger Schule" (1884–1928). Zur wissenschaftlichen Leistung von Ernst Schmidt, Johannes Gadamer und ihren Schülern am Pharmazeutisch-Chemischen Institut der Universität Marburg. 1988. € 18,—
49 Brigitte Schwamm: Atropa Belladonna. Eine antike Heilpflanze im modernen Arzneischatz. Historische Betrachtung aus botanischer, chemischer, toxikologischer, pharmakologischer und medizinischer Sicht unter besonderer Berücksichtigung des synthetischen Atropins. 1988. € 35,—
50 Ludger Mentrup: Die Apotheke in der Inflation, 1914–1923. 1988. € 25,—
51 Gabriele Huhle-Kreutzer: Die Entwicklung arzneilicher Produktionsstätten aus Apothekenlaboratorien – dargestellt an ausgewählten Beispielen. 1989. € 29,50
52 Silvana Schumacher: Entwicklungstendenzen der multidisziplinären deutschsprachigen pharmazeutischen Lehrbuchliteratur im Vorfeld der Hochschulpharmazie (1725–1875). 1988. € 31,—
53 Rainer Bens: Einige „Aussteiger aus der Pharmazie". 1989. € 28,—
54 Thomas Junker: Darwinismus und Botanik. Rezeption, Kritik und theoretische Alternativen im Deutschland des 19. Jahrhunderts. 1989. € 25,—
55 Dietrich Redeker: Zur Entwicklungsgeschichte der Tuberkulostatika und Antituberkulotika. 1990. € 24,—
56 Ursula Lill: Die pharmazeutisch-industrielle Werbung in der ersten Hälfte des 20. Jahrhunderts. 1990. € 44,50
57 Christine Ahlheim: Pharmazie im Spiegel ihrer Presse: Die Apothekenreform von 1871 bis 1894. 1990. € 29,—
58 Ulrike Heuken: Der achte, neunte und zehnte Abschnitt des Antidotarium Mesue in der Druckfassung Venedig 1561 (Trochisci, Pulver, Suffuf, Pillen). 1990. € 25,—
59 Berthold Beyerlein: Die Entwicklung der Pharmazie zur Hochschuldisziplin. Ein Beitrag zur Universitäts- und Sozialgeschichte. 1991. € 29,—
60 Gunter Drum: Geschichte der Deutschen Pharmazeutischen Gesellschaft (1890–1986). 1990. € 29,50
61 Klaus Burkert: Die Deutsche „Pharmazeutische Interessengemeinschaft" (1906–1918). Ein Beitrag zur Firmenpolitik der Pharmazeutisch-Chemischen Industrie bis zum Ende des Ersten Weltkrieges. 1990. € 21,—
62 Klaus Biewer: Albertus Magnus, De vegetabilibus Buch VI, Traktat 2. Lateinisch-deutsch. Übersetzung und Kommentar. 1992. € 24,—
63 Peter Laupheimer: Phlogiston oder Sauerstoff: Die Pharmazeutische Chemie in Deutschland zur Zeit des Übergangs von der Phlogiston- zur Oxidationstheorie. 1992.
64 Annette Diekmann: Klassifikation – System – 'scala naturae'. Das Ordnen der Objekte in Naturwissenschaft und Pharmazie zwischen 1700 und 1850. 1992. - vergriffen -
65 Sabine Ernst: Lise Meitner an Otto Hahn. Briefe aus den Jahren 1912 bis 1924. Edition und Kommentierung. 1992. € 22,50
66 Holger Goetzendorff: Von der Selbsthilfe zur Selbstverwaltung. Entstehungsgeschichte der Apothekerkammer Nordrhein (1945–1953). 1992. € 38,—
67 Christine Billig: Pharmazie und Pharmaziestudium an der Universität Gießen. 1994. € 25,—
68 Bernhard Müller: Militärpharmazie in Deutschland bis 1945. 1993. - vergriffen -
69 Ute Fischer-Mauch: Zum Verhältnis Apotheker / Arzt in Hessen. Bemühungen in Gießen um eine Novellierung der rechtlichen Grundlagen (um 1700). 1995. € 17,50
70 Martine Strobel: Asthma bronchiale. Die Geschichte seiner medikamentösen Therapie bis zum Beginn des 20. Jahrhunderts. 1994. € 25,—
71 Sieglinde Lieberknecht: Die 'Canones' des Pseudo-Mesue: Eine mittelalterliche Purgantien-Lehre. Übersetzung und Kommentar. Im Anhang die Versio antiqua in der Druckfassung von 1561. 1995. € 25,—
72 Evemarie Wolf: Über die Anfänge der Pharmaziegeschichtsschreibung von Johannes Ruellius (1529) bis David Peter Hermann Schmidt (1835). 1996. € 14,—
73 Eva-Maria Henig: 200 Jahre Pockenimpfstoff in Deutschland. 1997. € 25,—
74 Annette Josephs: Der Kampf gegen die Unfruchtbarkeit. Zeugungstheorien und therapeutische Maßnahmen von den Anfängen bis zur Mitte des 17. Jahrhunderts. 1998. € 29,—
75 Günther Gleiche: Die Apotheke im Allgemeinen Krankenhaus St. Georg, Hamburg, 1823–1973. Eine Chronik vor dem Hintergrund des stadtgeschichtlichen, medizinischen und naturwissenschaftlichen Geschehens. Hrsg. von Fritz Krafft. 1998. € 39,—
76 Fritz Krafft: „Die Arznei kommt vom Herrn, und der Apotheker bereitet sie" – Biblische Rechtfertigung der Apothekerkunst im Protestantismus: Apotheken-Auslucht in Lemgo und Pharmako-Theologie. 1999. € 19,50
77 Clemens Stoll: Die Apotheken am bayerischen Untermain. Eine pharmaziehistorische Dokumentation vom Beginn der Neuzeit bis zum Ende der Personalkonzession 1949. Hrsg. von Ulrich Stoll. 2000. € 29,—
78 Sabine Anagnostou: Jesuiten in Spanisch-Amerika als Übermittler von heilkundlichem Wissen. 2000. € 29,—
79 Carsten Gerd Dirks: Militärpharmazie in Deutschland nach 1945. Bundeswehr und Nationale Volksarmee im Vergleich. 2001. € 29,—
80 Katja Schmiederer (Hrsg.): Hamburg – Mainz – Marburg: Stationen eines Wissenschaftshistorikers. Festakt anläßlich der Pensionierung von Prof. Dr. Fritz Krafft. 2002. € 16,—